Centro
di Ascolto

Uomini
Maltrattanti

Centro
di Ascolto

Uomini
Maltrattanti

ESSERE SEX DEFENDER
Oltre la maschilità tossica

di
Michele Poli

Centro
di Ascolto

Uomini
Maltrattanti

CW00394809

Illustrazione in copertina: Lucas Califano
Revisore di testi: Grazia Di Sisto
Realizzato con il contributo dei fondi Otto per Mille della
Chiesa Valdese

ôtto
8 per
mille
CHIESA VALDESE
UNIONE DELLE CHIESE METODISTE E VALDESI

Centro
di Ascolto

Uomini
Maltrattanti

Michele Poli

Counselor ad indirizzo gestaltico e bodyworker. È tra i fondatori e attuale vicepresidente dell'associazione nazionale Maschile Plurale: rete che unisce i gruppi od i singoli uomini che in Italia riflettono sulla maschilità. È presidente e coordinatore del Centro di Ascolto uomini Maltrattanti di Ferrara ed è tra i fondatori del CAM di Firenze, primo centro in Italia dedicato agli autori di violenza nato nel 2009, nonché cofondatore dei centri "la svolta" di Bergamo e "Itinere" di Pescara. Si è formato nel trattamento degli autori di violenza con il centro *Alternative to Violence* di Oslo, primo sorto in Europa, e con i centri di Barcellona e di Ginevra. Dal 2000 tiene gruppi di uomini che riflettono sulla maschilità. Ogni anno incontra nelle scuole secondarie, durante interventi di prevenzione della violenza, del bullismo e dell'omofobia, centinaia di studenti e studentesse. Tiene gruppi in carcere per la presa di responsabilità degli autori di violenza e gruppi dedicati a minorenni autori di violenza.

Centro
di Ascolto

Uomini
Maltrattanti

Introduzione

Questo testo è il risultato di un'idea dell'équipe del Centro di Ascolto Uomini Maltrattanti di Ferrara, situato in via Delle Chiodare 1. L'associazione si è stabilita a Ferrara nel 2012 e sin dall'inizio ha collaborato con le organizzazioni locali per combattere la violenza di genere.

Il loro obiettivo è di proteggere le donne e i loro figli minori vittime di violenza, attraverso l'implementazione di un programma di trattamento per gli autori di violenza, in linea con le linee guida europee e nazionali. Questo programma non è pensato come alternativa alla sentenza di condanna, ma come un'aggiunta finalizzata a contrastare i motivi alla base del comportamento violento e prevenire eventuali recidive.

I Servizi offerti dal CAM sono:

1. **Prima accoglienza** degli uomini che agiscono violenza attraverso un contatto telefonico e Front Desk. Rispondono al centralino operatori appositamente formati, svolgendo attività di consulenza e supporto agli utenti (sia uomini che donne).

Contatti e orari di apertura del Centro di Ascolto:

 Martedì 17:00-19:30, Venerdì 10:30-13:00

Centro
di Ascolto

Uomini
Maltrattanti

📞 **345 597 5453**

📞 **0532 095099**

✉ ferraracam@gmail.com

✉ ferraracam@pec.it

2. Il percorso proposto

Il percorso prevede due fasi: una prima fase di colloqui individuali mirati a inquadrare la situazione di violenza all'interno del contesto familiare e sociale dell'uomo, valutare il grado di pericolosità e il rischio di recidiva dell'uomo (soprattutto allo scopo di evidenziare eventuali rischi per la donna), valutarne la consapevolezza in merito alla propria responsabilità nell'aver perpetrato condotte violente e fornire all'operatore gli elementi per decidere sull'opportunità di un prosieguo del percorso dell'uomo nel gruppo psico-educativo.

La Successiva fase si concretizza nell'inserimento in un gruppo. Quest'ultimo mira a sollecitare una riflessione sulle modalità di relazione adottate con la partner/ex partner e in genere con il femminile, a mettere in discussione i propri comportamenti e le proprie convinzioni. La parte psico-educativa si sostanzia nell'analisi, guidata da un operatore e una operatrice, delle differenti forme di violenza a cui si rischia di ricorrere, mira a fornire agli utenti una base teorica sulla quale riflettere e alla quale riportare i propri comportamenti violenti, ma anche e soprattutto offre la possibilità di esplorare modalità di relazione altre e maggiormente

6

Centro
di Ascolto

Uomini
Maltrattanti

rispettose di sé e dell'altro da sé. Gran parte del lavoro è rivolto a favorire una paternità empatica, accudente e responsiva attivamente impegnata nella cura dei figli, con un approccio paritario alla genitorialità.

Il centro accoglie invii da parte della Questura in seguito ad ammonimento (cosiddetto protocollo Zeus), del tribunale dei minori, del tribunale ordinario, dell'Ufficio Esecuzione Penale Esterna, del Carcere, degli avvocati, degli assistenti sociali, di singoli/e professionisti/e e operatori del sociale. Ogni cittadino/a può accedere autonomamente.

3. Colloqui con le partner/ex partner
Le operatrici del Centro svolgono un singolo colloquio con la partner/ex partner dell'uomo all'inizio del percorso di quest'ultimo e, in seguito, nel massimo rispetto della volontà della donna di essere o meno coinvolta, la aggiorneranno rispetto all'andamento nel percorso dell'uomo (es. assenze ingiustificate, interruzione improvvisa del percorso, etc.).

Tale procedura ha lo scopo di valutare il rischio che la donna sta correndo e la pericolosità della situazione, così come viene narrata da lei stessa e senza che il racconto sia filtrato dalle parole dell'autore.

Per l'equipe questo colloquio è fondamentale per:
- Ricostruire la storia della violenza dell'uomo e poterlo meglio aiutare;

Centro
di Ascolto

Uomini
Maltrattanti

- Informare la donna in merito alle caratteristiche del percorso che l'uomo ha iniziato presso il Centro;
- Assicurarsi che la vittima sappia della possibilità di intraprendere un proprio percorso presso un Centro Antiviolenza e, in caso contrario, fornirle i contatti adeguati sul territorio;
- Esortarla a contattare il CAM o direttamente le forze dell'ordine in qualsiasi momento senta messa in pericolo l'incolumità propria o di eventuali figli e/o familiari;
- per illustrarle in modo chiaro e sintetico i possibili meccanismi psicologici e le manipolazioni che potrebbe mettere in atto l'autore di violenza, nei suoi confronti, durante il percorso presso il CAM.

3. Attività di sensibilizzazione.

Il Centro svolge molteplici attività di sensibilizzazione per il contrasto alla violenza degli uomini, sia attraverso l'organizzazione e la partecipazione a eventi pubblici, conferenze e seminari, che attraverso *progetti nelle scuole* di ogni ordine e grado di tutta la Provincia di Ferrara. Questi interventi intendono far riflettere ragazzi e ragazze sulle relazioni tra uomini e donne, sulla violenza all'interno di queste, sul bullismo in classe e sul rischio di violenze in famiglia. In questi interventi si forniscono concreti strumenti per reagire alle violenze in maniera nonviolenta ma efficace ad interromperle.

3. **Attività di formazione** dedicate agli operatori del sociale e della rete antiviolenza che vengono in contatto con l'autore di violenza.

Centro
di Ascolto

Uomini
Maltrattanti

Puoi **sostenere il nostro lavoro**:
1. Con una donazione all'IBAN
   IT05E0760113000001023627779

2. Destinando la quota del 5 per mille alla nostra
   Organizzazione, firmando nell'apposito riquadro
   che figura sui modelli Dichiarazione del Reddito e
   inserendo il Codice Fiscale 93087630385

La realizzazione di questa pubblicazione indirizzata a tutti
gli uomini interessati è parte del progetto MASCHI
RESPONSABILI. SESSUALITÀ E SENTIMENTI DEGLI
UOMINI ORIENTATI AL DIALOGO TRA I GENERI
finanziato con l'8x1000 della Chiesa Valdese. L'obiettivo
del progetto è aiutare gli uomini a individuare criticità
nelle relazioni, a sviluppare nuove capacità emotive e, in
ultimo, a praticare comportamenti positivi e nonviolenti
attraverso la decostruzione e ridefinizione della sessualità
maschile predatoria e stereotipata.

Con questa intenzione di accompagnare gli uomini
nell'alfabetizzazione emotiva e nell'acquisizione e pratica
di abilità affettive è stato realizzato un gruppo della durata
di un anno con minori autori di reato segnalati dall'Ufficio
Servizi Sociali Minori di Bologna e, sempre nell'ambito del
progetto, sono stati acquisiti nuovi testi per aumentare il
patrimonio librario del piccolo Centro di Documentazione
sul Maschile realizzato all'interno della sede
dell'associazione e aperto al pubblico.

9

Centro
di Ascolto

Uomini
Maltrattanti

A Franco Bertossa
Fondatore dell'associazione ASIA
di Bologna

Centro
di Ascolto

Uomini
Maltrattanti

Ciao lettore,
ho coniato un nuovo termine: "***Sex Defender***". L'ho fatto perché penso che la nostra società abbia bisogno di creare esperienze positive per allontanarci da ciò che non ci piace.

So bene che c'è il rischio di ricadere nello stereotipo dell'uomo che si eleva a protettore delle donne, ma lo sguardo sulla questione – ora - è un altro.

Qui mi rivolgo soprattutto agli uomini. Servono uomini che percepiscono se stessi in maniera positiva e che guardano agli altri uomini con ottimismo. In Italia, secondo me, non esiste ancora una relazione tra uomini che non sia macchiata da invidie, gelosia, competizione e sfiducia reciproca.

Tra donne e uomini la cosa è ancora più complicata. Le donne non possono ancora camminare sicure nelle strade del mondo perché gli uomini le importunano, le minacciano, le fissano con lo guardo, le oggettivizzano, le svalutano. Non solo per le strade ma anche dentro la famiglia e nelle proprie abitazioni, le donne subiscono violenza.

Allora serve un nuovo modo di essere degli uomini. Non basta più stare a guardare. Non è più accettabile sentirsi dire da un maschio "io non faccio violenza", lasciando sottinteso che non è un proprio problema se ci sono degli uomini che violano e minacciano le donne. Non è in

11

Centro
di Ascolto

Uomini
Maltrattanti

nessun modo utile dichiarare "chi fa violenza alle donne l'ammazzerei", oppure "li chiuderei in prigione e butterei via la chiave" facendo finta che esista una netta distinzione tra uomini cattivi e uomini buoni, per potermi collocare ovviamente dalla parte giusta.

Siamo tutti responsabili e dobbiamo diventare noi, tu ed io, lettore, quelli che generano strade e case sicure, senza aspettare che lo faccia qualcun'altro. Sono gli uomini che rendono il mondo difficile alle donne e ora servono uomini che si prendano cura di questo mondo e di chi ci vive. Non dobbiamo più indentificarci con le logiche della guerra e dei suoi presunti eroi, posseduti dalla volontà di annientamento delle diversità. Proponimento che negli ultimi secoli cresce in maniera esponenziale con lo svilupparsi della tecnica che consente di amplificare gli effetti dei propositi malsani.

Possiamo e dobbiamo fare di più! Essere il mondo che vogliamo. Diventare *Sex Defender*, ovvero **uomini che incarnano questo cambiamento**.

Ogni nostro gesto deve generare benessere in noi e nelle donne. Le donne devono uscire di casa la sera sapendo che saranno amate. Le donne devono vivere le relazioni sentendosi sicure, coccolate e guardate dagli uomini con occhi aperti e curiosi come quelli di un bambino.

Si tratta solo di un sogno? No!
Ecco in questo testo **come diventare *Sex Defe nder***.

Centro
di Ascolto

Uomini
Maltrattanti

Non è più il tempo per noi maschi di aspettare le lotte delle femministe, e delle donne in generale, perché si produca un cambiamento. Ora tocca a noi uomini impegnarci.

Diversi uomini sono già su questa strada. Ora è giunto il momento di nominare in positivo questi uomini che cambiano, perché siano visibili.

Io propongo ***Sex Defender*** come contraltare della visione più negativa del maschile che è il **sex offender**.

Il Sex Defender non è l'ennesimo ruolo giocato dagli uomini per sentirsi signori del mondo. È la vita di chi si sente pesce nell'oceano e ad ogni suo battito di pinna assieme agli altri co-disegna l'oceano che, in cambio, gli consente di individuarsi . Il Sex Defender è oceano.

Quindi è consapevole che se dice maschio sta intendendo che esiste in quanto tale solo presupponendo che è qualcosa che differisce da qualcos'altro schematicamente chiamato donna, e viceversa.

Il Sex Defender sa che se nego eguale valore alla donna finisco per inquinare l'oceano dove vivo.

Donna e uomo sono concetti modellati dalle culture in maniera diversa in ogni società, ma sono sempre interdipendenti l'uno dall'altro, mai possono essere trattati come dati di realtà da dare per scontati. Il Sex Defender è consapevole che mentre nomina il bene, sottintende per differenza l'esistenza del male e viceversa.

Centro
di Ascolto

Uomini
Maltrattanti

Insomma, egli esiste in quanto interrelato e ogni nominazione e definizione è solo un salto del pesce fuori dall'oceano per un solo istante, per poi ridivenire oceano indistinto. Non c'è nulla che definisca e fissi l'essere del Sex Defender. Si tratta solo di un gioco molto, ma molto serio.

Infatti, se pensate di incastrarmi in quello che sto scrivendo, non mi troverete, pur non negando mai quanto ho detto e fatto.

Centro
di Ascolto

Uomini
Maltrattanti

Premesse

Incamminiamoci di corsa in questa avventura bellissima che ha il sapore della libertà.

Ovviamente, le parole qui scritte sono poca cosa; sta a te lettore trasformarle in pensieri, convinzioni e momenti vissuti.

Sono anche concetti buttati lì in maniera un po' approssimativa, ma questo scritto non vuole essere qualcosa di formalmente corretto ed esaustivo, ogni tema meriterebbe ben maggiori approfondimenti. Sono solo tracce dei percorsi e delle riflessioni che conduciamo nei nostri gruppi di uomini e che abbiamo verificato in molti casi apportare il cambiamento auspicato dagli uomini stessi.

Elencherò, senza troppe spiegazioni, spunti di riflessione tutti da sviluppare e nominerò soluzioni possibili senza poter indicare tutte le difficoltà a cui andrai incontro per pervenirvi. Allora non concentrarti troppo sulla esattezza o completezza di quanto sostengo, ma cerca di guardare in che misura ogni problema che individuo ti riguarda e, se puoi, sperimenta l'approccio alle relazioni che ti propongo a modo tuo.

Tutte queste sollecitazioni sono frutto di oltre 20 anni di gruppi maschili di condivisione e riflessione sul maschile, di gruppi sulla paternità, di gruppi con maschi in carcere, di centinaia di interventi in classe con gli studenti delle

Centro
di Ascolto

Uomini
Maltrattanti

medie e superiori, di gruppi di uomini adulti e minori che hanno agito violenza, di gruppi di confronto tra uomini e donne e di questa avventura condivisa con uomini e donne operatori e operatrici del nostro centro di ascolto dedicato agli autori di violenza a Ferrara.

Uscire dal solco del passato

Da centinaia di anni il valore dei maschi è stato misurato in base alla propria capacità di compiere imprese nella società; imprese che a volte hanno riguardato mezzo mondo e a volte solo il proprio cortile di casa.

Conquistatori, navigatori, ladri, criminali di guerra, padri padroni, l'importante era compiere un'impresa, poco contava se la persona che la compiva era una persona assennata e in contatto con la verità.

Abbiamo quasi sempre visto che chi si impone con l'uso della forza, poi definisce ciò che è da ritenersi vero, adeguato e utile, mentre chi perde viene cancellato dalla storia o escluso dal riconoscimento sociale.

Questa cancellazione gli uomini hanno voluto riservarla soprattutto alle donne, ma oggi incomincia ad essere sempre più evidente che nelle maglie del potere maschile, anche in quanto maschi, si vive male, si "muore" un poco giorno dopo giorno, si è costretti ad accettare la violenza come pane quotidiano: a scuola, sul lavoro, come acquirenti, come cittadini.

Centro
di Ascolto

Uomini
Maltrattanti

Noi uomini, oltre a essere stati capaci di schiavizzare, asservire e distruggere intere civiltà, abbiamo desiderato avere accanto a noi donne che abbiamo svalorizzato e rese non libere di esprimersi politicamente (per dirne una tra le tante, non riconoscendo loro il diritto al voto fino al 1945), artisticamente (non lasciando loro libero accesso alle scuole e accademie artistiche), in ambito famigliare (Il diritto di famiglia prevedeva un capo famiglia maschio fino al 1975), in ambito economico (a tutt'oggi le donne, anche quando raggiungono i migliori risultati negli studi, vengono pagate meno degli uomini e devono fare i conti con i "soffitti di cristallo"), nello sport (solo ora si affacciano le prime forme di professionismo femminile autorizzato), nella religione (nel cattolicesimo le donne sono escluse totalmente dalle gerarchie e viene impedito loro di dire messa), in ambito medico (i corpi delle donne vengono controllati, medicalizzati, piegati a una presunta estetica gradita ai maschi) e in ambito giuridico (assistiamo a sentenze sbilanciate in favore degli uomini).

So bene che i maschi che leggeranno questa affermazione per lo più pensano il contrario. Infatti, gli uomini pensano che una legge uguale per tutti/e, sia una ingiustizia per i maschi visto che fino a ieri erano privilegiati. Quindi forza amico maschio che leggi, se vuoi diventare un **Sex Defender** devi addirittura ribaltare il tuo pensiero!

Gli uomini hanno creato un sistema di potere che si riproduce evolvendo attraverso sempre nuove modalità, al mutare degli usi e dei costumi e soprattutto al crescere della consapevolezza delle donne rispetto alla necessità di

avere pari diritti. Per continuare ad esercitare un ruolo predominante servono uomini convinti a esercitare il potere sulle donne e sugli altri uomini.

Per darti un'idea esistono modalità come il bullismo, forma di violenza collettiva che spinge ogni singolo uomo, al fine di evitare maggiori violenze, ad adeguarsi alla legge del più forte, tacendo per evitare la violenza o agendo e reagendo con violenza per sopravvivere o sentirsi adeguato al sistema in cui vive.

Ma tante sono le violenze simboliche o concrete utili a convincere i maschi ad imparare, credendo che sia una propria libera volontà, ad esercitare nel mondo il ruolo di carcerieri, di soldati, di manodopera sfruttata, di duri di cuore, ma sempre soddisfatti di ricevere come "premio" il potersi sentire superiori alle donne.

Pensiamo ad esempio all'uso di prostitute per i sodati durante le guerre volute dai padroni di esseri umani o lo sfruttamento delle mogli impiegate nei lavori casalinghi di cura per permettere ai maschi di continuare a sognare un mondo inesistente di libertà al di fuori delle relazioni (ma questo lo approfondiremo nelle pagine successive).

Quindi gli uomini ancora oggi mortificano le donne, a volte usandole addirittura come schiave sessuali, ma facendo questo mortificano se stessi, riducendosi a carcerieri delle donne e costringendo se stessi a sostenere quel patriarcato iniquo, contro cui spesso imprecano. In queste condizioni nessuno può essere veramente appagato.

Centro
di Ascolto

Uomini
Maltrattanti

Io sintetizzo la storia del patriarcato come la volontà degli uomini di gestire la discendenza e i vantaggi sociali che ne derivavano, non considerando il legame con la madre, da cui tutti nasciamo, ma attribuendo autorità al cognome del padre. Attraverso questo artificio gli uomini hanno gestito i figli e, quindi, l'eredità dei beni di padre in figlio escludendo le donne da molti diritti.

Ovviamente questa è una forzatura che gli uomini hanno pagato in termini di consapevolezza. Infatti, affidandosi a un prestigio pubblico inventato dal loro stesso sistema di potere, che assumeva e assume diverse forme di riconoscimento esteriore (essere il Duca, l'imprenditore di successo, il proprietario di beni), gli uomini sono stati costretti a negare per secoli la verità del mondo che diceva di una sostanziale uguaglianza di diritti e doveri tra gli esseri umani.

L'affidarsi a questa rappresentazione per sentirsi superiori e potenti ha fatto sì che ancora oggi i maschi fingono, mentono anche a se stessi, per essere riconosciuti come maschi. Ovvero per distinguersi e godere di buona reputazione nella società devono credere ed aderire a forme di prestigio prive di sostanza, rinunciando così alla libertà e alla verità come valori fondanti.

Questo bisogno di sentirsi perfettamente aderente al ruolo che il maschile ha assegnato a se stesso, porta ancora oggi noi maschi a radicarci in una postura che sentiamo rischioso abbandonare. A causa di questo irrigidimento

molti uomini vivono angosciati, induriti e ostinatamente chiusi in se stessi.

Il pensare di dover imitare un modello ideale, significa percorrere una strada fatta di continui sforzi, mai adeguati all'obiettivo da raggiungere, insomma parliamo di una autocondanna alla sofferenza, alla frustrazione, all'impotenza. Se poi questo atteggiamento lo riproduciamo sulla nostra partner o sui nostri figli, questi non potranno che percepirsi disprezzati in molti momenti della vita. Più noi li spingiamo verso il modello che abbiamo in testa e più loro si sentiranno inadeguati.

Entriamo subito nella pratica che abbiamo perso già troppo tempo. In queste premesse ho semplificato e banalizzato moltissimo per potermi addentrare in fretta nel processo di cambiamento.

La rivoluzione può realizzarsi subito

Basta questa indicazione per cambiare una vita: amare una donna significa amarla così com'è nel presente. Se cerchi di modificarla relativamente al suo aspetto o al suo carattere non stai amando lei, ma uno stereotipo che non esiste, una donna frutto solo della tua fantasia. Che non ti piacciano degli aspetti di lei è normale, ma sappi che è possibile continuare ad amarla anche in presenza di comportamenti che ti irritano. Anzi, solo se accetti quello che non ti piace di lei avrai accanto a te una donna intera. Certo le puoi muovere delle critiche, ma senza mettere in dubbio il tuo amore per lei. Se la critichi devono essere

Centro
di Ascolto

Uomini
Maltrattanti

parole d'amore, dette veramente per il suo bene e non per il tuo tornaconto, non a tuo vantaggio.

Ribadisco il concetto: se non ami proprio quella peculiare combinazione di caratteristiche positive e negative che la tua compagna esprime significa che non ami quella persona. Per capirlo ricorda quanto ti hanno fatto male le critiche riservate alla tua persona da parte di persone che stimavi. Ricordati, quando eri bambino e i tuoi genitori non erano o non ti sembravano totalmente dalla tua parte, quanto ti arrabbiavi, nonostante ti avessero generato e cresciuto.

Se ti accorgi di non comportanti secondo questa chiara verità, ti renderai conto che, se vuoi diventare una persona coerente, serve innanzitutto il coraggio di ammettere di essere incongruente.

Il primo passo importantissimo è accorgersi che ti sei scornato con qualcosa che non esiste. Hai scelto la donna dei tuoi sogni per tradire la tua compagna reale.

Il Sex Offender - uso in senso lato questo termine - non sa amare persone reali. Al Sex Defender, invece, piace la persona che ha scelto e si sente responsabile della scelta compiuta.

Gli uomini che hanno agito violenza alle loro partner, alla domanda "perché anziché picchiarla non la hai lasciata?", non possono rispondere, perché dovrebbero ammettere a se stessi che non la amano tutta intera, che sono

21

dipendenti da lei, non autonomi nella vita, impauriti dalla solitudine oltre misura. Alcuni maschi anziché vivere con responsabilità, agiscono quella che possiamo definire, inventando un neologismo uscitomi da un errore di battitura sulla tastiera, *responsaviltà*.

Inevitabilmente qualcosa di quanto ho iniziato a delineare ti riguarda caro lettore. Siamo cresciuti in una società che ha commesso errori e in quegli errori ci siamo trovati coinvolti. Fosse anche solo un piccolissimo angoletto di te ad essere sfiorato da questi problemi ti consiglio di approfondire. Meglio rimuovere il problema il prima possibile, perché ignorandolo potrebbe ingigantirsi.

Niente paura. Ora affronteremo tante questioni in cui magari non ti riconoscerai, è capitato così anche a me in passato, ma prova a sospendere il giudizio e continua a leggere anche se delle frasi ti irritano, ne hai tutto il diritto!

Devi sapere che, rispetto a quanto scrivo e penso ora, io stesso sono passato da una posizione molto critica, a una interessata al fenomeno, fino ad esserne appassionato. Potrebbe succedere anche a te.
Intanto inizia a...

- cambiare tu senza aspettare che cambino gli altri. Tutti all'inizio del percorso credono che se non cambia anche la partner sarà impossibile cambiare qualcosa tra loro due. Invece piano piano ti accorgerai che non è così. Il tuo cambiamento

22

rivoluziona tutte le tue relazioni e la tua visione del mondo (questo è il tesoro più bello che potresti trovarti tra le mani solo tra qualche mese di cammino);

- constata gli svantaggi che lo status di maschio porta con sé;
- elenca i pochi vantaggi che il sistema sociale promette al maschio;
- nomina come violenza tutto quello che ti impedisce di compiere liberamente e senza timore le tue scelte in quanto maschio (ti faccio un esempio evidente: il terrore dell'omosessualità che ogni uomo assimila fin dalla più tenera età è uno spauracchio potente);
- nomina quali persone te lo stanno impedendo: individua chi sono le persone che con concreti atti violenti di disapprovazione ti minacciano o temi ti disapprovino qualora uscissi dal modello virile (per restare nello stesso esempio: sto parlando di chi senti dire "ma quello è frocio", "non fare il frocio", "ti tira il culo", ecc... Lo so che sono modi di dire diffusissimi, ma mica stiamo affrontando una roba facile? Amico lettore se non te ne sei ancora accorto, te ne accorgerai. Ti parlo di una rivoluzione! E non possiamo cambiare in maniera efficace qualcosa che non conosciamo).

Scegli una via di mezzo e rifuggi dalle soluzioni estreme

Poiché i maschi pensano spesso senza sfumature, anche se non è il tuo caso, sottolineo che non sto dicendo che occorre essere omosessuali per essere liberi, ma che certo

serve non pensare in termini rigidamente eterosessuali se voglio essere libero... anche di essere eterosessuale.

Se l'eterosessualità non l'hai scelta ma ti è stata presentata come l'unico modo, non sei libero. Se non hai alternative crescerai come me, sempre pronto ad allontanarmi da ogni comportamento che gli altri avrebbero potuto criticare. Ancora oggi ne sono spesso preoccupato. Questo lo dico perché tu lettore, non pensi che io mi stia ponendo come modello, e anche perché spero tu possa dimenticare ogni tentativo di raggiungere la perfezione e ti possa muovere con serenità anche attraverso gli sbagli.

Soluzione: nomina tranquillamente i tuoi errori in quanto maschio. Solo così potrai capirne la gravità e iniziare a rimediare.

Altra soluzione: Smetti di contare solo su te stesso. Si tratta di una modalità che implica sfiducia nell'esistenza e nelle persone che la abitano. Sarai salvo quando non ti identificherai più con gli eroi maschili che nei film americani lottano soli contro tutti in nome del bene; ovviamente il bene è il proprio, mai quello di chi riempiono di pugni.

Sono in genere personaggi che hanno subito un'ingiustizia e divengono vendicatori, investigatori solitari, ladri gentiluomini (sei autorizzato ad identificarti in loro solo nel caso in cui tu guardi con ammirazione anche chi ti deruba la casa) o eroi di guerra (sarai salvo dal machismo solo quando ti infastidirà la loro violenza).

Centro
di Ascolto

Uomini
Maltrattanti

Avrà particolarmcntc valore quello che dico quando il mondo esterno vince le tue resistenze di maschio patriarcale: quando diventa irrealizzabile il sogno ad occhi aperti di realizzare la tua felicità nelle forme illusorie che ci hanno inculcato i nostri padri. Quello è il momento in cui in genere gli uomini partoriscono le peggiori violenze.

Fai alcune piccole verifiche: come ti senti quando fai la spesa in un centro commerciale affollato, mentre hai fretta di tornare a casa perché è tardi e qualcuno ti taglia la strada col suo carrello o si ferma a parlare e tu devi rallentare? Come ti senti quando stai guidando, vai di fretta e quello davanti a te va molto piano?

Questi sono piccoli esempi di contrarietà quotidiane, ma se già ti irriti leggermente in queste condizioni, immagina come puoi perdere il controllo quando il danno che ti deriva dal prossimo è più importante. Purtroppo prima o poi accade a tutti, allora i maschi sono facilmente presi dall'angoscia. Se funzioni in maniera simile hai bisogno di imparare qualcosa di nuovo.

Soluzione: Non ci crederai a questa soluzione! forse ti sembra masochismo, ma ti propongo di imparare ad accettare i fallimenti esattamente come i successi!

Ti giuro che è possibile. Innanzitutto serve prepararsi quotidianamente al fallimento, riflettere sulla possibilità che il fallimento possa accadere, renderlo parte del tuo progetto di vita. Se si manifesterà, spero di no, ma nel caso

sarà importante che tu riconosca che hai fatto del tuo meglio e che sono troppi gli elementi che incidono nei progetti degli umani per poterli controllare tutti. Se non sei convito di quello che ti sto dicendo, ti avverto che alla fine della vita dovremo lasciare tutti i nostri progetti a causa della morte.

Quindi niente in questa vita dice che il successo è una cosa garantita, anzi, il finale ci consiglia di non puntare troppo sui successi, perché in quel momento serviranno a poco davanti a una totale negazione di noi.

Sempre e solo per i maschi che pensano in termini di bianco o nero, specifico che non sto dicendo che devi fallire, ma che, al contrario, la paura del fallimento si attenuerà e perseguirai i tuoi desideri in maniera meno ansiosa se guarderai con benevolenza al tuo possibile fallimento. Se ti allenerai a normalizzare il fallimento, ti troverai a vivere momenti di tranquillità in situazioni in cui prima ti disperavi. Guardando con tranquillità a quei momenti comprenderai che la vita ti sta indicando una strada migliore da seguire, che in realtà ti sta sostenendo proprio là dove prima vedevi una situazione a te nemica o sfortuna o pericolo o amanti stronze.

Consiglio di vedere il vecchio film in bianco e nero "Zorba il Greco" di Michael Cacoyannis (1964), per imparare a ridere del proprio fallimento.

Fai ora un altro passo nella tua quotidianità

Centro
di Ascolto

Uomini
Maltrattanti

Esercizio: Prova in questo istante a fare un sorriso. Forse ti
accorgerai di percepire una sensazione di sforzo, di falsità,
di fatica o altre sensazioni di imbarazzo se provi a tenerlo
per un minuto.

Forse i tuoi angoli della bocca faticano a piegarsi verso
l'alto. Forse sei abituato a guardare le persone con
severità. Nemmeno tu credi veramente al tuo sorriso se ti
ascolti con attenzione! Non si tratta solo del fatto che ti ho
chiesto di fare un sorriso non spontaneo. Insisti. Ascoltati.
Forse ti accorgerai che una parte di quello che senti ora è
sempre presente in te. Potresti trovare tracce
dell'atteggiamento del maschio che vuole apparire
maschio. Ti sei sempre pensato un allegro burlone, ma
questo accade solo fino a che va tutto secondo i tuoi
progetti, ma non appena qualcosa o qualcuno li ostacola ti
innervosisci, ti deprimi, ti chiudi in te stesso. Il tuo buon
umore allora svanisce in un attimo. Questo perché il tuo
corpo e la tua mente sono abituati a essere di fondo
rancorosi, leggermente ostili o semplicemente diffidenti.

Compito per la prossima settimana: osserva quando parli
con una donna come ti ascolta, come apre il suo sguardo
per seguire quello che vai dicendo, come il suo volto è
mediamente più accogliente del tuo. Fai il confronto
notando i particolari. Se lo fai con serietà questo ti basterà
per capire che esiste un modo migliore di aprirsi e
accogliere le persone. La modalità con cui le donne
sgranano gli occhi e sorridono non darla per scontata,
come fosse la natura della donna. Le donne sono educate a
fare questo e anche tu lo puoi fare. Anche tu, come molti

uomini, avrai criticato tuo padre perché era freddo, distante, assente, poco empatico. Non ripetere quello stesso errore di cui sicuramente ti rammarichi. Abbraccia gli esseri viventi e restituisci alle donne quello che da tempo loro ci sanno dare in termini di simpatia.

Non cercare scampo nel passato, guarda avanti

La nostra società con i suoi ritmi e i suoi obblighi, la burocrazia, il traffico, il nostro esserci addensati nelle città, l'inquinamento, a volte appare soffocante. Ti avverto che è pericolosissimo pensare che riprendere la propria libertà corrisponda ad un ritorno alla natura selvaggia.

Credere che se qualcosa non va in te è dovuto alla troppa civilizzazione. Noi eravamo selvaggi e abbiamo scelto di civilizzarci. Pensaci. Se lo abbiamo fatto ci sarà un motivo! Comunque ormai questo è avvenuto e non si può tornare indietro. Innanzitutto non confondere uno stato selvaggio con la libertà di fare ciò che vuoi. Un tempo gli uomini in cerchio intorno al fuoco chiedevano il permesso al divino prima di uccidere un animale o di abbattere un albero. Oggi devastiamo il mondo senza avere nemmeno una esitazione, senza regole se non operare per il proprio vantaggio. Stare in contatto con ciò che è selvatico significa dover adeguarsi ai ritmi della natura. Invece, noi maschi abbiamo paura di tutto quanto è selvatico e non addomesticato. Basta un cinghiale che gira libero in città che sembra ci sia una minaccia tremenda che grava sui cittadini, basta un insetto che ci ronza attorno che vogliamo terminarlo, magari liberando a questo fine

sostanze venefiche anche per noi stessi. Quando pensiamo a libertà selvaggia pensiamo a uno spazio dove regniamo indisturbati, non a una selva aspra e forte che ci sovrasta e ingloba. Noi compiamo la maggior parte delle nostre scelte per paura. Quando pensiamo ad un ritorno nella natura organizziamo al massimo un fine settimana in montagna. Noi vogliamo limitare il modo di esprimersi di tutti coloro che sono più spontanei di noi giudicandoli incivili. Nel percorso che ti propongo è meglio rivolgere le proprie attenzioni al presente, anche perché solo stando nel presente possiamo produrre il cambiamento, il passato è passato e il futuro non esiste ancora.

Ascoltati! In fin dei conti non è mai cambiato il rapporto col mondo dal primo essere umano ad oggi. Il mistero della vita che nessuno può controllare o carpire, ma solo assecondare o contrastare, è dentro di te.

Se senti questa forza originaria niente e nessuno più ti annoierà nel presente. Il mistero dell'esistenza ci spinge inesorabilmente a chiederci quale sia la soluzione al nostro vivere. Ti avvicinerai al mistero se farai come i/le bambini/e prima che li educhiamo ad adeguarsi alle nostre incapacità. Il bambino di pochi mesi rigurgita la minestrina di troppo appena ingurgitata senza pensarci un istante e poi ti sorride come se non avesse un domani. Questo è un esempio di aspetto selvaggio che permane nell'uomo anche oggi. Segui la tua nausea verso il presente e rigurgita tutto quello che è indigeribile. Vivrai più leggero. Dimentica la chimera di un passato dove si viveva meglio, incluso ieri, e l'utopia di un futuro meraviglioso,

Centro
di Ascolto

Uomini
Maltrattanti

probabilmente non sono mai esistiti, ma di certo non esistono ora.

Imparare a discutere

Cosa deve saper fare il *Sex Defender* se accade un litigio con la propria partner (ma anche a fronte di qualsiasi litigio o discussione)?

In una relazione i momenti di litigio e sofferenza sono la normalità, varia solo la frequenza a seconde delle diverse famiglie. Quando sono molto frequenti il rapporto è peggiore rispetto a quando si ripetono raramente.

- Prima attenzione per affrontare quei momenti da *Sex Defender*: **saper distinguere tra un litigio dove si verifica una limitazione della libertà di uno dei litiganti**, da quelli in cui tutti hanno libertà di espressione e movimento. La mia compagna non si deve mai sentire impaurita da me; può succedere che si senta umiliata, offesa, criticata da me, ma mai deve sentirsi impaurita dai miei comportamenti. In quest'ultimo caso accadrebbe che lei non se la sentirebbe di dire le cose che pensa veramente, perché il mio atteggiamento includerebbe comportamenti che la intimidiscono o che le lasciano presagire future azioni ancora più violente. Se questo dovesse accadere anche una sola volta in un rapporto, non ci troviamo più in un rapporto d'amore e libertà, fino a che la persona vittimizzata non torna a sentirsi sicura nella

30

Centro
di Ascolto

Uomini
Maltrattanti

relazione. Una sola violenza di questo tipo può richiederc anni di lavoro di ricomposizione.

Sbarrare con il proprio corpo la porta di uscita dalla stanza mentre discuto, lasciando intendere o esplicitando che nessuno può uscire dalla stanza fino a che non lo decido io... è violenza. Tale violenza, diventa più grave mano a mano che aumenta la disparità di forza tra colui che blocca l'uscita e la persona bloccata.

Risulta molto grave in questo contesto agitare le braccia in maniera incontrollata, colpire o lanciare oggetti, evocare violenze passate come monito per il futuro. Si tratta di violenze fisiche non dirette fisicamente alla persona, ma minacce di una possibile futura violenza; comunque parliamo di intimidazione psicologica.

- Seconda attenzione: nell'esempio sopra riportato abbiamo rivolto l'attenzione alla partner, ma tu... ti senti libero di esprimerti mentre discuti? Se questo non sta avvenendo è perché lei ti sta limitando o perché ti stai limitando tu stesso?

Quest'ultima è una posizione in cui si trovano spesso gli uomini. Perché?

1) Perché temono che se si esprimeranno perderanno alcuni vantaggi di cui godono nella relazione;

2) Perché dovrebbero rivelare delle loro incongruenze o incapacità;
3) Perché non sanno esprimersi con chiarezza;
4) Perché non sanno riconoscere cosa stanno sentendo e pensando;
5) Perché non hanno mai riflettuto a fondo sulle convinzioni che stanno sostenendo;
6) Perché hanno paura ed è un sentimento che i maschi tendono a tenere nascosto agli altri e a se stessi;
7) Perché confondono una sana discussione tesa a chiarirsi, con una violenta restrizione della libertà.

- Terza attenzione: verifica se i valori che stai applicando e ritenendo validi per giudicare il comportamento della partner li stai applicando anche nel valutare contemporaneamente il tuo comportamento! Intendo il tuo comportamento presente e passato. Osserviamo innanzitutto come guardiamo al passato.

Sicuramente mentre stiamo discutendo stiamo sbandierando dei valori che abbiamo assunto, dei significati che abbiamo fatto nostri, ma c'è sicuramente stato un momento in cui questi valori ci erano sconosciuti o incomprensibili, o comprensibili solo in parte. Quindi a quell'epoca stavamo commettendo lo stesso errore che stiamo criticando nell'altra persona coinvolta nella discussione. Se questo è vero, quale atteggiamento è corretto tenere rispetto all'errore dell'altro?

Centro
di Ascolto

Uomini
Maltrattanti

Inevitabilmente nella vita di tutti è esistito un periodo in cui ignoravamo quello che oggi sappiamo. Io penso che di default serva maggiore comprensione verso il pensiero altrui, sia perché noi stessi potremmo cambiare idea in futuro, sia perché dobbiamo lasciare ad ognuno i propri tempi di maturazione del pensiero.

Sicuramente, quando non capivo, io ho generato in altri le stesse sensazioni che sto provando adesso mentre mi sento incompreso. Quindi, se sono onesto, o io mi assolvo, ma a questo punto devo assolvere anche colei che mi contraddice o, se sono intransigente con la partner, devo essere intransigente anche nei confronti del mio errore passato. A te la scelta caro lettore. Secondo me è meglio considerare che non è poi così importante quello che pensiamo rispetto a tutto il resto che costituisce il benessere nella nostra relazione; piuttosto che pensare che siamo o siamo stati due rincoglioniti è meglio rivolgerci a noi e all'altra con comprensione e ottimismo.

Come guardare al presente?

Domandati: Sono in fin dei conti sicuro di avere poi veramente capito bene come è corretto comportarsi? Posso migliorare? O addirittura *devo* migliorare io stesso prima ancora che lo faccia la persona che ho di fronte?"

Accogliere i propri errori per poter cambiare

L'errore è parte fondamentale del processo di crescita. Non esiste possibilità di apprendimento senza errore.

33

Anche il/la più grande genio/a del mondo, per migliorare il suo sapere, deve percorrere una strada fatta di errori.

Accettare le proprie perversioni, i propri errori, le proprie malefatte è l'unico modo per andare oltre. Accettare significa che riconosco di essere mancante. Attento che il vero riconoscimento non avviene nel momento in cui mi dico "ho sbagliato" e continuo a comportarmi nella stessa maniera, ma nel momento in cui cambio comportamento e sento che tutto me stesso non vuole più ricadere in quei pensieri, in quelle opere e in quelle omissioni.

Sarai profondamente cambiato quando ti accorgerai che quel comportamento che ritieni corretto lo stai ora seguendo senza sforzo. È divenuto parte di te. Sono momenti magici!

Attenzione in questi momenti a non sentirsi superiori a chi non è ancora cambiato. Soprattutto verso la propria partner. Se cadiamo in questo errore allora non abbiamo veramente capito. Il cambiamento che si nutre del confronto squalificante degli altri non è il cambiamento del Sex Defender. Devo percorrere la strada con umiltà, perché è lunga e piena di imprevisti. Ogni giorno è un buon giorno per migliorarsi... e basta.

La distrazione e la disattenzione. Un grave problema maschile

I maschi sono spesso distratti. Questa disattenzione è sempre selettiva, cioè sono distratti rispetto a ciò che non

li interessa o che gli risulta impegnativo o difficile, o anche quando si accorgono di non avere soluzioni. Quando la vostra partner sottolinea la vostra distrazione, significa che sta delicatamente o bruscamente dicendovi che non avete abbastanza attenzioni nei suoi confronti. I maschi cercano di cavarsela buttandola in ridere, ma guarda caso l'essere distratti consente loro di non fare quelle cose che sono impegnative. Spesso delegano a lei la responsabilità delle scelte. Non è infrequente che poi si lamentino che vuole decidere tutto la compagna.

Errore grave in questi casi: pensare e dire "sono fatto così" o "è il mio carattere". La tua compagna sta vivendo i tuoi comportamenti come disamore nei suoi confronti... e ha ragione! Essere distratti porta a un maggiore distacco dal mondo, a una maggiore disattenzione rispetto a quello che sta accadendo e quindi con maggiore facilità si può fare violenza perché non si sanno leggere i comportamenti dell'altra. In ultimo sicuramente produrrai reazione stonate e ti sentirai inadeguato.

Soluzione: è necessario cambiare fin da subito. Occorre sforzarsi a lungo di essere attenti. Non mollare alle prime difficoltà. Piano piano imparerai ad essere attento. Scoprirai di essere anche tu capace come la tua partner.

Un tempo la mia compagna mi diceva che toccava sempre a lei trovare gli oggetti negli armadi, nei ripostigli, in cucina e che io non sapevo dove mettevo le cose. Allora ho iniziato a mettere attenzione a dove stanno le cose in casa e, soprattutto, a metterle in ordine io stesso e ora, sono

quello che, meglio della mia compagna, sa trovare le cose di casa. Non vivo questo come una gara o come un merito. Ora sono una persona che ci tiene alla gestione famigliare e mi diverto a screditare lo stereotipo del maschio incapace di svolgere i lavori di casa, mettendo in atto comportamenti di continua collaborazione con la mia compagna.

Prendermi cura di me e di lei mi fa sentire bene. Sono orgoglioso di me e della mia nuova pazienza nei suoi confronti.

Esercizio:
Spesso suggerisco agli uomini di comportarsi nelle relazioni affettive con la stessa attenzione che mettono quando sono sul posto di lavoro.

Le relazioni si mantengono vitali e interessanti se mi ci impegno come faccio sul luogo lavoro. Al lavoro non mi viene il dubbio tra fare e non fare, so che devo fare. Al lavoro progetto per compiere il lavoro nel tempo che ho a disposizione. Al lavoro rispetto chi sa fare quel compito meglio di me. Non sto dicendo che basta solo quel tipo di atteggiamento per portare avanti una relazione, ma che è una base indispensabile. Sul lavoro noi maschi siamo abituati a impegnarci con serietà. Spesso purtroppo siamo anche abituati ad arrivare a casa e smettere di impegnarci. Mi adagio sul divano e inizio a vivere la famiglia come un luogo dove cerco quella tranquillità che sul lavoro non trovo. Si tratta di un comportamento completamente sbagliato.

Centro
di Ascolto

Uomini
Maltrattanti

Se, invece, mi comporto in famiglia con lo stesso approccio che mi richiede il lavoro, ovvero attento e proattivo, mi accorgo ben presto che la mia famiglia o i miei affetti diventano un luogo prezioso e inizio a equiparare le due situazioni: mi accade di dare meno valore al lavoro tradizionalmente inteso e maggiore peso all'impegno nelle relazioni famigliari.

Capisci lettore che stiamo parlando di una modalità maschile che ci ha visto per secoli insistere nel trovare realizzazione alle nostre aspirazioni al di fuori dei legami affettivi, salvo poi raccontarci che lo facevamo per la famiglia? Quasi sempre ascolto maschi che dicono "mi faccio il mazzo per la famiglia lavorando 8 ore al giorno" e lo rinfacciano ai famigliari, mentre contemporaneamente le loro partner dicono "se ne frega della famiglia e pensa solo al lavoro". Io so per certo che hanno ragione le donne, anche se so che gli uomini pensano veramente di star facendo ciò che è giusto. Qualsiasi uomo che viene per qualche mese nei nostri gruppi inizia a pensare similmente a me quando sperimenta che con questo approccio nei momenti di condivisione in famiglia si instaura un clima più eccitante e sereno.

Perciò...
Impara a occuparti delle faccende di casa con soddisfazione.
Impara a divertirti con la famiglia anziché riservare loro la tua parte peggiore, quella stanca e affaticata.
Impara a godere intensamente del tempo libero, è anche per questo che lavori.

Impara a vivere un continuo presente dove ti senti impegnato e messo in gioco, anche il tempo del lavoro diventerà più piacevole e interessante.

Possiamo vivere nel mondo una vita meravigliosa se sappiamo lavorare e amare.

Troppe prescrizioni vero?! Fai una pausa alzati in piedi, stira le braccia verso l'alto per 2 minuti e poi allontana le mani una dall'altra portando le braccia a croce per altri 2 minuti rilassando tutti i muscoli del collo, delle spalle, delle braccia e delle mani; sono le ossa che cercano di allontanarsi una dall'altra come quando ti stiri, senza sforzo alcuno, con piacere. Fatto? Ora *riprendi a leggere.*

Le vittorie più importanti

La mia vita è diventata più bella da quando ho iniziato a vivere le mie relazioni come la faccenda più importante di cui occuparmi, stare bene assieme agli altri è divenuta la sfida con me stesso da non perdere. Se a questa opera ti interesserai, ti potrà capitare che a poco a poco, smetterai di frequentare le sfide artificialmente create al fine di distrarti da quelle importanti. Negli stadi dove si svolgono le manifestazioni sportive ti abitui a considerare che tuo destino è perdere, ma continuare a lottare sperando di vincere; nelle competizioni sportive uno solo vince e può considerarsi vincitore solo a patto che esistano tanti sconfitti.

Centro
di Ascolto

Uomini
Maltrattanti

Sono moltissimi gli aspetti negativi delle competizioni, incomincia a vederli. Impara a vincere in ogni momento assieme chi ami e a tutti gli altri esseri viventi. Esistono sfide dove tutti sono vincitori... e, del resto, un mondo pieno di persone che "perdono" e poche che "vincono" è proprio quello che abbiamo creato fino ad oggi. Ti va bene?

Già sento un rombo nelle orecchie: è l'urlo della maggioranza delle persone che insorge contro questa visione che sminuisce lo sport e la competizione. Ma lo sport è divertentissimo se non c'è sofferenza per la sconfitta, se è solo un modo per stare assieme a chi ci piace frequentare.

Ti hanno sempre detto che forma il carattere delle persone, ma pochi si chiedono se c'è una connessione tra il malessere che viviamo nelle relazioni e questa spinta malsana a superare i propri limiti, a competere, a essere in forma. Nessuno si chiede mai: quale "forma" deve assumere il mio carattere? Non va forse bene quella che ho acquisito alla nascita e che naturalmente si viene modificando in seguito alle esperienze che vivo?

Fregatene dei più e pensa con la tua testa. Guarda alla realtà. Non ripetere quello che ti hanno voluto inculcare per distrarti da quello che è importante. Se preferisci che la tua squadra del cuore vinca il campionato piuttosto che imparare a patire sugli "spalti" della tua solitudine, ad esultare per un'amicizia o a pregare per ringraziare di una inattesa gentilezza, ti hanno fregato. Se non ti viene

neanche un dubbio smetti di leggere questo scritto e vai allo stadio. Certo quello che ricevi allo stadio è solo una eccitazione che ti da l'impressione di sentirti vivo. Ben più potente è il senso di benessere che si attiva quando apri gli occhi al mattino e senti che già questo atto ti riempie, che qualcosa ti muove all'azione, che non è nel risultato la risposta, ma in quello che sei assieme agli altri.

Quando gli uomini imparano a mettere se stessi in gioco fioriscono

Risulta importante affermare se stessi attraverso le proprie parole. In particolare con parole che raccontano ed esprimono bene ciò che sei e ciò che vuoi. È necessario dire quello che pensi fino in fondo senza paura. Se non ti fidi che la tua compagna potrà capirti e accogliere quanto le racconti significa che hai sbagliato compagna oppure che sei malfidente (*[mal-fi-dèn-te]* Dominato da una diffidenza dichiaratamente ostile, spesso preconcetta).

Gli uomini hanno imparato dagli altri uomini a mentire alle partner e a tenere il mondo interiore fatto di convinzioni, sogni ed emozioni tutto per sé. In seguito andremo ad analizzare questo mondo. Questa modalità è quella che già conosci e che ti sembra normale.

Cosa accade invece quando posso raccontarmi nella verità?

Impari che quel che pensi incide sulla qualità della relazione.

Centro
di Ascolto

Uomini
Maltrattanti

Impari che gli interventi di lei non sono tesi a comandare (molti uomini chiamano le partner *la dittatrice, la comandante,* ecc...) ma semplicemente esagera perché copre un vuoto che tu generi col tuo silenzio.

Impari che la partner può cambiare idea ed adeguarsi al tuo pensiero.

Impari che le risposte non sono solo sì e no, facciamo e non facciamo, ma si può essere creativi nella trattativa, che non è più un gioco dove uno perde sempre, ma dove tutti traggono vantaggio dal dialogo.

Impari che dopo avere espresso la tua opinione devi premurarti che ti abbiano ascoltato e cercare di farti dire cosa hanno compreso di quello che hai detto.

Impari che, sia prima che dopo avere parlato, devi ascoltare la reazione della partner e adeguarti, non necessariamente per darle ragione, ma per sintonizzarti al suo stato d'animo.

Riassumiamo: disgregando il senso di onnipotenza, il bisogno di affermazione e quindi riducendo la vergogna legata al timore della derisione attraverso la propria messa in gioco e l'aumento della consapevolezza, il malessere che percepivi e la sensazione di solitudine si riassorbono a poco a poco. Il sistema capitalistico creato dai padri ti vuole solo e in conflitto col mondo. Il tuo nuovo sentirti interrelato con gli altri rovescia il concetto di libertà.

Prima era libertà come isolamento, esattamente quella che vogliono che tu assimili quando ti raccontano la stupidaggine che la tua libertà finisce dove inizia quella di un altro. Proprio questo modo di intendere le relazioni scatena la guerra di tutti contro tutti. In questa maniera ci percepiamo tutti limitati e bisognosi si avere più spazio. Sconfinati, metti radici e intrecciale con gli altri.

Il mondo è in fiamme

Ora caro lettore io mi chiedo...

...piacerà a te uomo questo balbettante scritto? Ti potrai riconoscere? Io lo spero.

Perché questo possa avvenire devo fare un passo molto importante. Io devo uscire dal nascondiglio in cui mi sono rintanato, ovvero quello dell'autore che sorvola tutto senza essere contaminato.

Ebbene sì, sono il primo ad essere immerso negli errori, nei sensi di colpa, nello strazio delle carni e dei pensieri. Incontrandomi non troverai un santo, ma la medesima tua affilata paura, angosce in notti senza fine, paure improvvise e criminali derelitte costruzioni aggressive. Ma allora, tu penserai, perché scrivi tutto questo? Perché certe fatiche sono ineliminabili.

Anche ti dovesse capitare la fortuna di sentirti uno con il mondo, di guardare fuori dalla finestra e pensare che quell'uccello sul ramo sta cantando proprio per te e che tu

sei lì per testimoniare il suo canto, resterà sempre, contemporancamcntc al scnso di unità, una frattura bruciante tra te e gli altri e le cose. Ma attento lettore, perché tutto si gioca in quella frattura. Se la patisci passivamente questa frattura genererà violenza e sofferenza, se ne accogli il potere generativo sarai salvo.

Infatti è proprio nella spaccatura infinita dell'animo mio e tuo, che sta il tesoro che mai abbiamo perso e mai trovato, stava e starà sempre lì con noi.

Con cuore tremate ti dico che si nutre di un infinito vuoto di cui io e te siamo i rappresentanti e che nell'umano e nelle cose si riproduce senza fine né principio. Eccolo qui! Eccoci qui! Stupefatti, spaesati e irrisolti, ma non è colpa di nessuno.

Attribuendo la colpa a qualcuno di questa impossibilità di afferrare, arrivare, certificare una volta per tutte stai aumentando il male del mondo. La pace sorge quando accetti che l'esistenza è fatta così! Impermanente. Intanto, nell'attesa di maturare questa certezza ineludibile, restiamo dritti in piedi e, se ci riusciamo, pronti a questo continuo cadere e rialzarsi, a questo inevitabile perdersi e ritrovarsi. Lentamente il cuore ad ogni ciclo si rasserena sempre più.

Comprende che bene e male fanno parte dello stesso gioco. Essi sono al contempo ben diversi uno dall'altro, ma interrelati. Così io e te siamo ben diversi, ma collegati da un unico desiderio di bene.

Centro
di Ascolto

Uomini
Maltrattanti

Ascolta la canzone *Anthem* di Leonard Cohen (1992).

E ora per te lettore non resta che *disidealizzami* e contare solo su te stesso. Tu sei il problema o tu sei la soluzione. Tocca a te fare il prossimo passo: se cadrai, rialzati di modo che la spaccatura dentro di te resti sempre vitale.

Esercizio: ora smetti di leggere. Metti il tuo corpo stabile. Sistema la posizione seduta di modo che sia comoda. Fa che la tua schiena si appoggi alla colonna vertebrale rilassando la muscolatura. Appoggia una vertebra sull'altra percorrendo la colonna vertebrale dal basso verso l'alto. Coltiva un sentimento di gentilezza. Porta l'attenzione sul respiro. Porta l'attenzione in particolare all'aria che entra e esce dal naso. Se perdi l'attenzione su questo luogo di contatto, quando te ne accorgi riporta l'attenzione sul respiro.

Osserva ora il tuo respiro che entra e esce come fosse il respiro di un altro. Non intervenire, ma segui i cicli che si susseguono fatti di inspirazione pausa espirazione pausa e di nuovo inspirazione senza che vi sia bisogno del tuo intervento. Non fare nient'altro. Continua così per almeno 15 minuti puntando una sveglia. Quando suona puoi decidere di proseguire o alzarti dolcemente e bere un sorso d'acqua.

Fatto questo riprendi a leggere. Non avere fretta, devi solo incontrare ciò che già sei.

Centro
di Ascolto

Uomini
Maltrattanti

La società innesca bombe pronte ad esplodere con violenza

Una di queste bombe consiste nel far sentire i giovani inadeguati se sono senza una ragazza. Nasce così un'ansia di essere senza una compagna che genera coppie artificiali, legami forzati, nati dal desiderio di utilizzare quella che sembra una libertà che altri usano e che tutti dovrebbero poterne godere.

Questo toglie precocemente a ragazzi e ragazze la vera libertà di disporre della propria vita secondo quanto realmente desiderano e con i tempi adeguati alla propria esperienza. Questo genera sforzi disperati per non essere da meno degli altri e questi sforzi diventano forzature del proprio sé e violenza verso i sentimenti degli altri perché possano rispondere a questo disperato bisogno di adeguatezza, di conformità, di presunta normalità. Un pretestuoso bisogno di libertà è entrato nelle vite di tutti, fino a pensare che fare sesso è un diritto, anziché il frutto di una relazione.

Soluzione: rifletti su quanto il bisogno di accoppiarti sia reale e su quanti problemi e obblighi necessariamente ne derivano.

È importante ricordare che il sesso è collegato alla possibilità di generare un figlio. Anche in questo caso si è voluto il diritto di abortire, che soprattutto in

presenza dei rapaci comportamenti maschili è un diritto innegabile delle donne, ma gli uomini lo hanno voluto per essere liberi dall'obbligo di crescere figli. Tanto per un maschio non si tratta di fermare qualcosa in opera dentro al proprio corpo, i maschi non usano su di sé la pillola anticoncezionale, chiedono alle donne di usarla.

Fermati a riflettere sul modello di liberazione che hai nella testa prima di seguire i tuoi desideri. Chiediti: "sono coerenti i miei desideri? Mi appartengono? Mi porteranno quello di cui ho bisogno? Spegneranno la mia sete o la aumenteranno? Mi costringeranno a ripetere senza mai trascendere la condizione attuale? In che modo la mia libertà si riversa sulle donne?

La speranza va annichilita!

Tra la mia condizione attuale e quella futura auspicata, c'è la speranza di raggiungerla. Questa speranza ci strappa dal presente e viene manipolata del capitalismo per spremerci in vari modi. Ci spinge a comprare e consumare utilizzando come strumenti la pubblicità e i falsi miti del progresso. Ci incita a lavorare per accrescere la nostra condizione a prescindere, senza avere valutato se sia sensato farlo. Similmente le relazioni si iniziano sperando di cambiare la partner in meglio, si sogna un rapporto impossibile date le premesse e, quindi, basandosi sulla speranza, si forza la partner a essere ciò che non è generando violenze

Centro
di Ascolto

Uomini
Maltrattanti

psicologiche. Opera nel presente senza fissarti sul risultato.

Tu chiamale se vuoi confusioni

- Confusione maschile 1

Si confonde l'amore con il possedere. Amare la vita o una persona, non significa possederla, ma affidarsi a lei.

Spesso per mantenere i vantaggi della relazione (non essere soli, avere una donna al proprio servizio, un corpo per la propria soddisfazione) i maschi vivono una seconda vita. In questa vita parallela sognano un mondo libero proprio da quelle convenzioni che loro stessi hanno imposto e si impongono nella relazione con le partner. Amanti, prostitute, sogni fantastici, video pornografici, costituiscono la triste realtà degli uomini che sognano un mondo libero dalle limitazioni che stanno loro stessi costruendo e mantenendo.

Soluzione: apri le gabbie, diventa creativo. La fedeltà è un vincolo per costruire e mantenere la famiglia. Gli uomini, infatti percepiscono la fedeltà come una gabbia per se stessi, ma convinti della necessità di tenere in gabbia le donne, vi si sottopongono anche se mal volentieri. La fedeltà non deve essere un atto sovraimposto, il legante deve essere una spinta interna e spontanea.

- Confusione maschile 2

Attribuiamo il male alla controparte, in modo da
autorizzarci a compierlo noi stessi. Se quello che ha
fatto la mia compagna era un errore non dovremmo
ripeterlo, invece mostriamo che in realtà quel male ci
piace, ci affascina, vogliamo compierlo noi stessi.
Così gettiamo fuori di noi le nostre paure, le
incarniamo in una persona piuttosto che viverle come
un orrore presente in natura. Non sono le mie paure,
non sono le incertezze del mondo, preferisco
individuare cause precise da attribuire alla parte
malata della società, al diverso, allo straniero, alla
donna e, in ultimo, alla mia compagna.

Soluzione: considerare isolatamente i momenti della
relazione. Disgregare la continuità causale della
relazione ("io ti ho detto questo perché tu hai fatto
questo". "Ma io avevo fatto questo perché tu avevi fatto
quello": recriminazioni senza fine dove non è possibile
indentificare un colpevole originario) per cogliere,
invece, l'improvviso e fulmineo apparire della potenza
che si libera nella relazione. Potenza che può tenere
unite due o più persone per tutta la vita o che, se male
interpretata, può far desiderare di uccidere l'altro.

- Confusione maschile 3

L'immagine che l'uomo ha della donna mantiene in
qualche modo viva la convinzione che sia un proprio

bene simbolico, un segno della propria identità.
Ovviamente non della identità vera del singolo
maschio, ma una identità universale che si è
sovrapposta e ha sostituito quella individuale. Nel
tentativo di creare un genere maschile compatto e
superiore alla donna, i maschi hanno perso la propria
libertà di essere secondo il proprio sentire. L'affermare
che "tutti gli uomini sono uguali" si è inverato come
"nessun uomo è libero di esprimersi come gli pare se
vuole rientrare nella cerchia di chi ha potere sulle
donne". Per questo, ad esempio, se sono omosessuale
scendo nella considerazione sociale.

Soluzione: se ti accorgi che stai ripetendo un copione
già vissuto in passato, fai qualcosa di diverso: coltiva la
dolcezza, non rispondere con rabbia ma concentrati su
quello che hai da offrire.

Ascolta la canzone di Irene Grandi, *Prima di partire
per un lungo viaggio* (2003).

Sesso e sentimenti tenuti separati

Soprattutto ora che inizio a parlare di sessualità, caro
lettore, ho bisogno che tu sappia mantenere le
opportune distinzioni rispetto a quello che dico: parlo
di modalità che attribuisco al maschile, ma
chiaramente non tutti gli uomini ne sono portatori.

Centro
di Ascolto

Uomini
Maltrattanti

Sono solo linee di tendenza che ho riconosciuto spesso presenti nei comportamenti maschili e dentro di me, che ritengo utili a fornire una lettura di quello che accade nella nostra interiorità, non voglio assolutamente catalogare nessun uomo in queste definizioni. Tratto di atti violenti o semplicemente problematici e tendo volutamente ad ignorare quelli che non generano problemi, o che sono positivi, ma sicuramente presenti nei maschi. Molti di questi atti, violenti o no che siano, ti chiameranno in causa, sforzati di non essere reattivo e di riservarti un tempo per valutare la veridicità o meno di quello che scrivo.

Infine, tieni conto che ogni evento ha molteplici letture ed effetti, se non li cito è perché non li conosco, perché voglio semplificare o perché non ho il tempo di approfondire. Quando lavoro nei gruppi di uomini un tema viene affrontato da punti di vista sempre nuovi ad ogni incontro, a volte per mesi. Questo scritto è solo un'occasione per produrre degli spunti di lavoro su di sé e di riflessione che ho trovato interessanti per me.

Un problema molto grosso che tende a verificarsi nella personalità del maschio è che sesso e sentimenti vengono generalmente tenuti separati. Non intendo dire che non sia lecito fare sesso occasionale o scambiarsi sentimenti senza indulgere in rapporti sessuali. Sto dicendo che anche se faccio sesso una sola volta con una persona appena conosciuta e poi non la incontrerò più, qualche seppur piccola emozione o sentimento vengono attivati, magari in senso negativo,

Centro
di Ascolto

Uomini
Maltrattanti

ma esiste un legame tra quelle due persone che travalica il corpo. In maniera simile, se si attiva un sentimento tra due persone si manifesta sempre un qualche bisogno della presenza o dell'assenza del corpo dell'altro. Invece i maschi insistono nel produrre continui sforzi per tenere innaturalmente separati questi mondi.

Questa scissione è stata funzionale a descrivere le partner "ufficiali" come madri sante e pudiche e le altre come bestie degradate desiderose di sesso. Lo so, ho un poco esagerato, ma è per intenderci.

Questo ha consentito in passato, e consente tuttora, la difesa della doppia morale dell'uomo che mette su famiglia. Da un lato l'ambito famigliare a cui ci si riferisce come privo di impurità, dall'altro si riserva al mondo esterno l'esercizio delle pulsioni sessuali ritenute sporche. Nelle fantasie maschili questo secondo mondo è occupato da corpi femminili a disposizione dei propri desideri più depravati e violenti. Quasi nessun sentimento di affetto deve essere destinato alle seconde. Certamente spesso diventa impossibile tenere questo distacco e, allora, si sceglie l'amante come compagna ufficiale, ma presto l'uomo la trasformerà in santa a sua volta, condannandosi ad un eterno ritorno dell'infelicità, con in più uno strascico di dolore causato in ex e figli vittime innocenti del loro egoismo e della loro ignoranza dei processi concreti del vivere.

Centro
di Ascolto

Uomini
Maltrattanti

Anche a causa di questa scissione arbitraria il legame affettivo è quasi sempre vissuto dai maschi come un limite. Basti pensare al momento dell'addio al celibato narrato come l'ultima occasione per dare espressione a quel divertimento che poi ti sarà negato. I ragazzi provano lo stesso senso di limitazione quando prima cercano ossessivamente di avere la fidanzata, perché questa li fa sentire parte del mondo adulto patriarcale, ma poi, soprattutto se la fidanzata chiede al maschio di essere co-costruttore di quel legame e quindi più presente, allora il ragazzo, ma accade anche all'adulto, soffre; gli sembra di perdere delle possibilità nella vita che in genere riassume con la parola divertimento.

Come se divertimento ed amore fossero, ancora una volta, due cose distinte. Con gli amici mi diverto e con la fidanzata adempio al mandato sociale di diventare un uomo virile. Se chiediamo ad un ragazzo o a un uomo di spiegare: perché vive così scisso? Cosa intende per divertimento? Cosa intende per amore? Perché sentimenti e divertimento non possono stare assieme? Riceveremo per risposta solo poche frasi balbettanti. Non ci ha mai riflettuto sopra.

Questa spaccatura interiore fa si che i legami degli uomini siano precari. Quando stanno con la moglie gli manca qualcosa e quando vanno con l'amante, o con le donne che pagano per fare sesso, gli manca l'altra parte. L'infelicità che deriva dalla scissione, i maschi la attribuiscono ai comportamenti femminili: le donne

Centro
di Ascolto

Uomini
Maltrattanti

sono narrate come incapaci di darsi sessualmente e/o sentimentalmente.

Quanto sopra descritto causa anche la diffidenza dei maschi verso gli altri maschi. Gli uomini sanno bene che molti di noi sono pronti a distruggere qualsiasi legame altrui e a calpestare qualsiasi personalità femminile per seguire il proprio piacere sganciato dai sentimenti. Per questo finiamo per sentirci minacciati dagli altri uomini, ci ergiamo a difensori delle "nostre" mogli o figlie, senza mai mettere in discussione le ragioni di tale disastro, che risiedono anche e soprattutto dentro noi stessi. Noi uomini siamo i primi a svalutare il nostro genere.

Mi viene da dire che è venuto il tempo di smettere di volerci male.

Soluzione: non cercare di risolvere in un senso o nell'altro questa aporia, ma tieni presente entrambe le polarità e cerca di capire di cosa hai bisogno complessivamente come uomo. Ovvero includi tutti i tuoi bisogni nel tuo orizzonte. Renderti bene conto delle contraddizioni che il tuo modo di vivere attuale comporta ti aiuterà a fare scelte consapevoli. Potrebbe accadere nel tempo che qualcuno dei tuoi desideri smette di avere presa su di te, oppure si modifica per poter continuare ad esistere in maniera praticabile nel rispetto delle tue convinzioni.

Centro
di Ascolto

Uomini
Maltrattanti

Questo deve avvenire in maniera spontanea, senza forzature, come qualcosa che accade inevitabilmente di fronte all'evidenza. A forza di frequentare con consapevolezza la scissione sesso/sentimenti, nel tempo, questa si attenua, o addirittura sparisce, e tu potrai finalmente abitare in maniera completa la o le relazioni che scegli e non sarai più lacerato da forze contrapposte tra cui non sai scegliere.

Il lavoro di integrazione delle forze contrapposte va esteso anche a tutti gli ambiti della nostra vita: lavoro, sport, salute, cibo, hobbies.

Il *Sex Defender* abbandona le vecchie regole patriarcali dove le donne erano costrette e sottomesse nelle relazioni e gli uomini dovevano permanere in controllo.

Ora possiamo sentire che solo la libertà propria e altrui può generare amore.

Il *Sex Defender* sa che la libertà è un'avventura emozionante dove nulla è certo, sa che l'amore è una strada che scopre curva dopo curva.

Quelle che gli uomini chiamano "avventure" alludendo a relazioni estemporanee, sono spesso il tentativo di tenere la propria affettività ed emotività sotto controllo, un modo di confinare l'altra persona in uno spazio ristretto del mio mondo. Una povertà di significati noiosa che consuma e logora anche le più belle emozioni. Con la progressiva integrazione consapevole dei tuoi vissuti dormirai il sonno

Centro
di Ascolto

Uomini
Maltrattanti

del giusto, senza più avere nulla da nascondere nelle tue relazioni.

Oggi la libertà sessuale della maggioranza è in realtà una convenzione, un obbligo, un dovere sociale, un'ansia sociale, una caratteristica irrinunciabile della qualità di vita del consumatore.

Pier Paolo Pasolini

Rifugiarsi nella sessualità

L'idea sviluppatasi nel corso del '900 e oggi massimamente diffusa, che il corso della vita di un uomo non ha senso e che non esistono valori a cui aderire o sottomettersi, spinge i maschi a inseguire il piacere per il piacere, ma dimenticando che anche il piacere ricade in questo nichilismo. Il piacere diviene quindi una valvola di sfogo rispetto alla mancanza di valori e al vuoto di senso che viviamo.

Bruciare la vita, viverla intensamente diventa la parola d'ordine dei nostri tempi... ma cosa intensifichiamo? Quello di cui abbiamo veramente bisogno è il piacere o stiamo solo cercando di non sentire e capire cosa significa esistere?

Mettiamo il caso che il nostro superiore sul lavoro ci maltratti o una persona non riconosca il nostro valore o, ancora, che accada una sfortuna qualsiasi, si innesca in noi facilmente un senso di malessere. L'unica soluzione

ragionevole sarebbe affrontare la questione, ma i maschi in questi casi tendono ad utilizzare la sessualità per suscitare un senso di piacere e con questo scacciare il malessere. Quando gli effetti del piacere rivelano la loro onda corta ovviamente si riprecipita nella frustrazione. Se il maschio utilizza la masturbazione per acquietarsi, allora si ritroverà nella situazione di partenza dopo poco tempo e con meno energie a disposizione. Sarà perciò assorbito in un ciclo a perdere che può farlo sprofondare sempre di più nell'inedia e nella depressione.

Soluzione: non attribuire facoltà al piacere che non può dare. Il sesso non può risolvere i problemi della vita, perché il piacere è come le droghe, una volta esaurito l'effetto mi lascia ancora più scoperto di fronte all'esistenza, perché anche il piacere è soggetto all'assuefazione, con il conseguente bisogno di provare nuove e sempre più intense esperienze per poter godere di nuovo. Se il fine fosse il sesso in sé diverrebbe appagante, ma la realtà è che lo si usa per risignificare altro.

Spesso gli uomini lo usano anche per riappacificarsi dopo un litigio. In seguito a un litigio la donna si trova in uno stato d'animo tutt'altro che benevolo verso il partner. Quando l'uomo in quei momenti pretende di fare sesso, finisce per fare una violenza sessuale verso la partner. La sessualità oggi è usata dai maschi come l'ultimo baluardo contro la mancanza di senso e la sofferenza psicologica.

Cosa rischi andando in direzione contraria a quella che ti indico? Di acquisire una dipendenza dal sesso. Esistono

Centro
di Ascolto

Uomini
Maltrattanti

maschi che possono stare anche 8 ore davanti ad un PC a stimolarsi sessualmente, ormai affetti da pornodipendenza, e uomini che vanno su tutte le furie se non fanno sesso tutti i giorni con la compagna.

Trova rifugio in te stesso

Fermati ad ascoltare: pratica yoga, meditazione, qì gōng o comunque pratiche di riassorbimento in se stessi, *perché è noi stessi che stiamo cercando*, non risultati, successi e piaceri caduci. Occorre diventare una persona in armonia con il mondo e questo non può avvenire se il corpo non è tranquillo. Non esite una mente rilassata senza un corpo rilassato e viceversa. Oggi siamo sovra stimolati. Le nuove generazioni saranno sempre più soggette a maggiori stimolazioni, quindi la situazione in futuro non migliorerà.

Soluzione: nutriti del silenzio e dell'energia che si libera nei momenti in cui non hai una meta, un fine, un sogno, una aspirazione, un proposito, un traguardo da raggiungere. Prima di addormentarti non leggere o guardare un video, ma stai al buio ad ascoltare il silenzio e addormentati assaporandolo. Se nelle tue giornate frenetiche nasce agitazione, preparati ad accoglierla, apriti al suo accadere nelle tue viscere, nei tuoi pensieri. Non catalogarla come pericolosa e insostenibile, ma ascoltala interrogandola. Cosa vuole da te? È collegata ad un evento preciso o è senza senso? Può farti male o si tratta solo di aspettare che passi? È tua quella ansia o è di qualcun altro? È giusto prendersela con qualcun altro per questa sensazione che ti attraversa? L'hai generata tu o te l'hanno

Centro
di Ascolto

Uomini
Maltrattanti

generata? Più la guarderai con attenzione e facilmente scoprirai di dover affrontare un problema preciso o, quando l'ansia non è dovuta ad un preciso problema, prenderai atto che è possibile permanere in quella spinta angosciosa non risolta in maniera consapevole. Se riuscirai a non prendertela con nessuno potrai vederla spegnersi allo stesso modo in cui è apparsa. Più riuscirai a farlo meno ne avrai paura.

È importante che il tuo corpo divenga un luogo tranquillo a cui tornare quando le relazioni affettive o di lavoro si fanno complicate e difficili. Per fare questo dovrai saper distinguere tutto quello che è agitazione superflua, che hai incamerato nelle vicende quotidiane, da quella che non è eliminabile perché fa parte delle forze vitali che abbiamo in dotazione dalla nascita; in quanto tale non può sparire perché è strutturale al tuo essere. Riuscendo a calmare l'ansia nel tuo corpo-mente potrai guardare in te in maniera lucida. Solo se l'acqua non è agitata puoi vedere il fondo e prendere decisioni non in preda alla confusione.

Ascolta la canzone di Franco Battiato *Un'altra vita* (1983).

Il vero potere

Il potere del maschile sta nel fatto che non deve giustificarsi, si pensa come valido in sé. Per questo quando interroghiamo un uomo sul suo comportamento spesso otteniamo solo silenzio. I maschi non sono allenati a riflettere su di sé, perciò immediatamente perdono ogni

Centro
di Ascolto

Uomini
Maltrattanti

giustificazione rispetto a ciò che fanno se sono costretti a verificarnc il fondamento e l'origine.

Ora maschio lo sai, corri a confrontarti con uomini e donne per verificare chi sei, prima che tu ti accorga di essere assurdo e di conseguenza impaurito dal sentimento di infondatezza che ad ogni confronto onesto con un'altra persona ti può togliere il terreno da sotto i piedi. Potresti dover ricorrere alla violenza psicologica per reggere in un confronto di idee: negare senza riflettere, ritirarti affettivamente per proteggerti, aggredire verbalmente, falsare la realtà per rendere impossibile il confronto, definire il pensiero della tua compagna come sbagliato a prescindere, negare la libera espressione dei tuoi figli perché con la loro spontaneità fanno vibrare le sbarre della gabbia emotiva in cui ti sei chiuso e fanno tremare la torre d'avorio che ti sei costruito.

Oggi, ma ormai da secoli, noi uomini siamo in prima fila, quando si presenta la possibilità di avere potere emotivo, tecnico, politico, economico, giuridico sugli altri. Eppure, prima o poi, tutti avvertiamo angoscia quando il miraggio di questo potere svanisce. Perché sempre svanisce.

Quando, ad esempio, non ci viene dato un riconoscimento che pensavamo meritare o un nostro progetto si arena o, ancora, quando riteniamo che qualcuno non riconosca ciò che pensiamo di essere diventati. In quel momento le viscere che si contraggono ci segnalano che il confidare nel potere è stato vano.

In realtà il potere codifica, esalta e avvalora il nulla, quel nulla che potrebbe essere smascherabile, ponendo domande intelligenti. Proprio quelle che le nostre scuole non incentivano a produrre dato che il più delle volte richiedono solo di memorizzare risposte preconfezionate. Molti maschi colmano il senso di vuoto interiore che la ricerca di potere porta con sé, rifugiandosi e affidandosi a un immaginario erotico dove si esercita potere e supremazia sugli altri.

Il potere, infatti, è anche esaltazione del proprio arbitrio. Il libertino di De Sade e De Sade stesso si credono liberi solo se privi di regole. La biografia di De Sade si conclude con la sua incarcerazione, eppure questo non ci parla. Il boss mafioso vive come un topo in gabbia, eppure ancora molti aspirano a quel ruolo. La libertà pensata come assenza di regole e limiti è quella degli stupidi. Anche il potente, che si pensa libero, in realtà deve obbedienza ad un sistema "mafioso" che lo ha voluto in quel ruolo.

Soluzione: o accettiamo la nostra vita come una condanna all'insoddisfazione o iniziamo a girare lo sguardo verso dove questo bisogno di potere può placarsi. Una strada percorribile, caro lettore, è rendersi conto che tutto avviene nel singolo e dare valore a questo evento.

Voglio riferirmi all'atto del generare pensiero, azione, sentimento e tutto quanto fa di te un individuo: ti sei mai accorto che si tratta di modalità di potere non sottoposte a decadimento? Esse albergano in ciascuno di noi, ma non vengono mai contemplate. La nostra cultura maschilista

ha svalutato e ignorato l'atto del generare, probabilmente perché la sua forma più evidente si manifesta nella donna, e non nell'uomo, sotto forma di procreazione di esseri umani. Resta il fatto che non siamo in grado di pensare l'apparire di ciò che siamo come qualcosa di concreto. Eppure avviene e ne siamo gli artefici e i beneficiari al contempo. Percepire me stesso come continua generazione in atto, è l'intrinseco potere della natura umana, che pacifica intimamente. Potere è in genere inteso come appropriarsi di qualcosa, ma slanciarmi oltre i miei limiti, alla ricerca di un'appropriazione che mi confermi potente, testimonia che mi penso intimamente privo di quel potere ricercato e che, invece, è da sempre alla base di ogni mio slancio. Gli atti vitali, mentre li genero, mostrano sì i loro limiti, poiché sono essi stessi che mi de-finiscono, ma, quel limite se colto nella sua capacità di rivelarmi, diventa la mia "corona regale".

Il dato dell'esistenza della violenza degli uomini sulle donne è un segnale dell'impossibilità di stringere tra le mani il potere che gli uomini hanno sempre inseguito. Per questo devono ricorrere alla violenza.

Gli uomini anche in senso più generale ricorrono alle guerre, alla creazione del nemico, per riuscire a convincere le persone che sono potenti e che sono indispensabili. Ma è proprio guardando agli uomini che ricercano questo potere verso le proprie partner e i figli, finendo per ucciderli, che intravediamo la sconfitta del potere, la sua vacuità, l'impossibilità a realizzarsi pienamente.

Centro
di Ascolto

Uomini
Maltrattanti

Infatti, la metà degli uomini che in Italia uccidono una donna in quanto donna tentano subito dopo il suicidio e, almeno la metà di loro, lo porta a compimento. A me sembra la dimostrazione che il massimo del potere esercitato su un'altra persona, quello di dare la morte, non fa sentire potenti, ma rivela il suo contrario, l'impotenza e il fallimento.

Il potere dei maschi è da tempo immemore collegato alla sessualità e al controllo delle donne. Faccio alcuni esempi.

- Se il Re di Francia non avesse avuto un erede avrebbe perso il trono.
- La sacra rota ancora oggi ritiene lecito annullare un matrimonio se non è stato "consumato". Cogliete la stranezza? perfino la chiesa cattolica ha dato e dà più importanza al sesso che ai sentimenti quando deve convalidare un matrimonio; e il matrimonio è il cardine della famiglia su cui si fonda il potere sociale degli uomini.
- In Unione sovietica venne introdotto il divorzio subito dopo la Rivoluzione del 1917, bastava recarsi nell'apposito ufficio e chiedere il divorzio ed era fatta, tuttavia nel 1935 Stalin fece restringere notevolmente la possibilità di divorziare e negò il riconoscimento delle libere unioni. Perché? Perché le donne erano troppo libere e si stava disintegrando quel potere maschile sulle donne che servirà poi a tenere in piedi la dittatura.
- Tutti sappiamo che un uomo che ha potere decisionale, politico o economico, ha bisogno per confermarsi tale di circondarsi di donne belle

Centro
di Ascolto

Uomini
Maltrattanti

secondo lo stereotipo corrente; meglio se giovani, perché l'obbiettivo è in parte mostrare, anche a se stesso, le sue capacità sessuali, non amare quella persona.

Come evita la cultura patriarcale che questi tentativi di suscitare l'invidia altrui divengano evidenti nel loro essere arroganti e patetici? Distrae dal comportamento del maschio. Addita il comportamento delle donne che cercano protezione o denaro grazie a questi uomini potenti attribuendo loro uno sfacciato arrivismo. Riuscendo a rimuovere che, se questi uomini per sentirsi bene hanno bisogno di giovani donne accanto a sé, sono loro che non si sentono arrivati senza questi simboli del potere.

Soluzione: spero caro lettore che dentro di te tu non stia pensando "si hai ragione... ma una ragazza giovane...". Se così fosse è proprio questo il problema da affrontare, che stai pensando che io ho un problema.

Qui sta la difficoltà di questo percorso per diventare *Sex Defender*. Serve ribaltare il proprio mondo interiore.

Se non te la senti fermati pure, ma prima di mollare fai questo esperimento. Quando per strada incontri una ragazza che ti piace, osserva cosa accade dentro di te? Se "sbavi" ad ogni bella ragazza che passa, fai commenti tra te e te su quanto è poco seria e senti nel tuo cuore un piccolo sussulto di infelicità perché non è tua, ti consiglio di continuare a leggere. Rischi che queste micro frustrazioni accumulandosi nel tempo ti compenetrino fino renderti

sotterraneamente, ma costantemente, infelice e rancoroso verso gli altri. Io ero così e non stavo bene.

La paura dell'impotenza sessuale che oggi attanaglia gli uomini è la principale testimonianza dell'esistenza di un collegamento tra erezione e potere maschile. Certamente è innegabile che erigere il pene sia una facoltà importante dell'uomo, ma questa capacità o incapacità è stata concettualizzata culturalmente in maniera diversa nel corso delle varie epoche, così come variava il significato sociale che le veniva attribuito. Esistono tracce di antichi riti magici fin dagli antichi popoli mesopotamici del IIV secolo avanti cristo che miravano a preservare o ad aumentare la potenza erettiva e a proteggerla da riti magici. Ancora oggi alcuni uomini credono che un'amante ripudiata possa rendere sessualmente incapace l'uomo che la ha abbandonata, ho avuto testimonianza diretta di simili convinzioni.

Dagli anni '90 siamo nell'epoca del Viagra e prodotti similari. C'è chi ne ha parlato esplicitamente come di prodotti tesi a "riparare" o intensificare la fiducia e il potere degli uomini eterosessuali per scongiurare la crisi della mascolinità. Sono infinite le proposte di protesi, accrocchi e creme vendute online per aumentare le prestazioni sessuali maschili. L'ottica di questi prodotti è che l'impotenza sia un problema meccanico riparabile.

Questa lettura si affianca all'idea che impotenza ed eiaculazione precoce siano dei disturbi. Gli urologi hanno sempre cercato di indicare nelle cause fisiologiche e non in

quelle psicologiche l'origine di queste problematiche; ovviamente riscuotendo un certo successo, perché si liberavano gli uomini dal sospetto che fosse "responsabilità" del pensiero maschile il problema che li attanagliava.

Pensate sia possibile nella nostra epoca affermare che gli uomini possono non essere interessati al sesso? Certo che no. Oggi al posto del termine impotenza si usa "disfunzione erettile" per trasmettere agli uomini l'idea che si tratti di un problema vascolare e non di un difetto di carattere. In questa maniera la virilità dell'uomo viene meno messa in discussione, viene trattata come uno sfortunato infortunio.

Soluzione: in sostanza la prestazione sessuale è associata alla definizione e al concetto di virilità. Leggi con attenzione cosa riporta la Treccani e ti sarà immediatamente chiaro:

virile:
agg. [dal lat. *virilis*, der. di *vir* «uomo» (in quanto maschio e adulto)]. – **1.** Di uomo, dell'uomo: *Tanto il loro nome sorgeria, che forse Viril fumu u lul yrudu unquu non sorse* (Ariosto). In partic.: **a.** Di essere umano di sesso maschile (quindi con sign. e usi analoghi a quelli di *maschile* e *mascolino*, e contrapp. a *femminile*): *il sesso v.* (letter. *il viril sesso*); *espressione v. del volto; una rappresentazione idealizzata della bellezza v.; una donna dall'aspetto v.; perché hai le gentili Forme e l'ingenio docile Vòlto a studi virili?* (Foscolo); *caratteristiche somatiche, sessuali v.; membro v.,* il pene; *gli attributi v.,*

65

la barba e i baffi, e anche gli organi sessuali maschili; *un uomo poco v.*, come sviluppo e capacità sessuali. **b.** Di essere umano di sesso maschile in età adulta, pienamente maturo fisicamente e moralmente (contrapp.
a *puerile* o *giovanile* da un lato, a *senile* dall'altro): *età v.*, dopo la giovinezza e prima della vecchiaia; *tuo figlio ha già acquistato una voce v.; modi v., forza v.*; in partic., *toga v.*, quella che indossavano nell'antica Roma i giovanetti giunti al sedicesimo anno d'età. **2.** fig. Da uomo che sia nella pienezza delle energie fisiche e morali, forte, sicuro, coraggioso: *Vidi Anassarco intrepido e virile* (Petrarca); *Né poi viril pensiero in voi germoglia* (Poliziano); *comportamento v., contegno v.; sopportare un dolore con animo v.*; estens., *quello scrittore ha uno stile v.*, vigoroso e incisivo. ◆
Avv. **virilménte**, con modi proprî di un uomo, e quindi con forza, con coraggio: *donna che agisce virilmente; dobbiamo sopportare virilmente le avversità.*

Sembra che l'identità di un uomo dipenda dalla sua capacità di avere una erezione. Ma è veramente così?

A questa conclusione si perviene, come abbiamo visto, separando l'uomo dal suo pene. Attribuendo all'uomo problemi fisiologici in presenza di un suo disinteresse sessuale verso una donna, mentre nel caso simile della donna i problemi sono definiti sempre di natura psicologica. Certamente questo è funzionale a salvare l'idea folle che un uomo sia soprattutto la sua sessualità. L'uso della pillola dà permesso alle donne di vivere più liberamente il sesso e ora le donne chiedono agli uomini

Centro
di Ascolto

Uomini
Maltrattanti

con maggiore insistenza prestazioni sessuali. Questo sta rivelando il contrario, ovvero che sono gli uomini ad avere più problemi a fare sesso delle donne. Vedo già il terrore scorrere nelle vene degli uomini ancorati al binomio maschilità uguale a prestazioni sessuali.

Tranquilli, nello stesso periodo in cui si pensava a sviluppare l'onnipotenza sessuale maschile si pensava anche a produrre antidepressivi per le donne per diminuire le loro aspettative.

Aggiungo solo un piccolo particolare: siamo in presenza di una ossessione per la penetrazione.

Sessualità come sfogo

Ho posto l'attenzione sul fatto che come maschi siamo esageratamente alla ricerca del piacere e che questa preoccupazione implica cercare di evitare la sofferenza.

Queste due forze (una attraente e una respingente) ci tengono in tensione senza posa, impossibilitati a mutare direzione come mossi da due magneti di polarità opposte. Queste forze ci fanno agire in maniera condizionata. Il *Sex Defender* deve sfuggire a questo campo di forze. Per farlo, però, dobbiamo concederci di sperimentare la sofferenza che nasce dalle relazioni. Solo riconoscendo che certe situazioni ci generano sofferenza possiamo istintivamente starne alla larga.

Centro
di Ascolto

Uomini
Maltrattanti

Ad esempio, avere una partner ufficiale e una amante nascosta comporta una attivazione che viene spesso scambiata per piacere, in realtà è una eccitazione che, guardando meglio, non è data solo dal piacere, ma vi concorrono anche altri sentimenti: affanno per gestire la situazione, insoddisfazione inespressa per lo stato delle cose, la frustrazione del non poter mai abbandonarsi completamente con una delle partner, il rischio che corro per tenere nascosto il tutto. Mi chiedo: cosa fa sì che questo non venga percepito come un modo dannoso di vivere?

Di sicuro vi concorre l'idea, inculcata nei maschi fin dalla più tenera età, che le energie originate dall'attrazione sessuale vadano scaricate, che sia addirittura malsano trattenersi. Fino a pensare che siano incontenibili. Guarda caso, secondo gli uomini, le donne possono trattenere la passione sessuale e, a volte, addirittura *devono* gestire e contenere tali spinte, per essere moralmente adeguate.

Un tale approccio alla propria sessualità porta gli uomini a indebolire valori etici che non dovrebbero mai venire meno. Questo porta alcuni uomini a non rispettare un *no* di una donna. Gli uomini sanno benissimo che devono rispettare la volontà della donna ma, tutto quanto stiamo delineando della sessualità maschile così come costruita socialmente, consente a volte all'uomo di fregarsene altamente di ciò che è giusto.

Quando l'eccitazione viene percepita come una forza che ci sovrasta ("è più forte di me"), come se questa volontà

egoista non mi appartenesse, allora il mondo etico del maschio si fa da parte e lascia che questa forza diventi violenta. Quando l'uomo si è convinto che la propria energia sessuale sia una spinta naturale che chiede sfogo, allora ha una giustificazione che consente di travalicare le resistenze della partner di turno. Peccato che se la partner, seguendo la stessa spinta va con un altro uomo è definita una troia e la si pensa degna di punizione. Esiste un'etica per ogni genere. Per la donna la "scusa" del desiderio sessuale non vale a giustificare le violenze compiute e, a volte, nemmeno a spiegare la sua volontà di lasciare un rapporto ormai logoro.

Ciò che è erotico per il maschio ha a che fare con l'amare un essere inferiorizzato. La donna innanzi tutto, ma questa visione si estende ai cosiddetti animali da compagnia, tenuti prigionieri, al guinzaglio, castrati, sterilizzati e accuditi come figli. La donna va domata, addomesticata. La donna lasciata libera è una forza selvatica che diviene pericolosa, una *vamp* come si diceva ad inizio del '900, ovvero una vampira che ti succhia il sangue attraendoti a sé. L'attrazione è chiaramente percepita dal maschio come una forza che può far perdere il controllo della situazione; ad esempio l'uomo potrebbe innamorarsi e, si sa che un innamorato perde la testa, intendendo con ciò che innamorarsi è sbagliato e pericoloso per un maschio che aspira paradossalmente a mostrarsi in controllo dal punto di vista psicologico.

Centro
di Ascolto

Uomini
Maltrattanti

L'attrazione potrebbe far perdere la posizione privilegiata al maschio rispetto alla donna, perché è solo di potere che si tratta quando si interpreta il rapporto in questi termini.

Così la responsabilità di non rispettare un no della donna viene attribuito alla donna stessa. Non sono io maschio che sono interessato a lei, ma è la donna che mi attrae. È lei che evoca queste forze pericolose che poi noi maschi dobbiamo per forza scaricare. Si dice con un tono di rimpianto: "è lei che comanda e decide quando e con quale uomo andare", come se non fosse un suo normalissimo diritto. In realtà il maschio sta sottintendendo che lui farebbe sesso con tutte, se le donne non esercitassero un discrimine. Quindi, la realtà è che il maschio decide di non scegliere, o per meglio dire, la sua scelta è guidata da principi diversi da quelli della donna. Stiamo piano piano andando ad approfondire quali.

Soluzione: scardinare queste connessioni altamente pericolose e svianti tra convinzioni e rapporti affettivi e sessuali.

Il maschio è sessualmente attivo e la femmina passiva

Questa è l'ennesima convinzione che spinge molti uomini a rinunciare alla libertà in campo sessuale: penetrare è maschile e essere penetrato è femminile. I maschi si negano la qualità ricettiva, di abbandono, di ascolto e, contemporaneamente, non riconoscono al femminile la qualità attiva, propositiva, creativa. Si tratta di una convinzione ancora diffusissima tra i giovani, come del

Centro
di Ascolto

Uomini
Maltrattanti

resto tutte le credenze illustrate in precedenza, nonostante la donna sia colci che genera la vita. Più attiva di così si muore! Ah! Che stupido, dimenticavo di pensare da maschio: sesso e nascita non sono collegati.

Quando in classe parlo delle caratteristiche attive dell'organo genitale femminile i ragazzi mi guardano stupiti e sanno solo ripetere le solite banalità: "se una chiave apre tanti lucchetti è una buona chiave, se un lucchetto si fa aprire da tante chiavi non è un buon lucchetto". Non hanno mai pensato che molte chiavi apriranno anche il loro lucchetto e ancor meno che loro possono avere bisogno di essere un lucchetto. Come al solito l'ignoranza maschile su questi temi è straripante e preoccupante. Questi preconcetti mai verificati i maschi li trasferiscono anche nella comunicazione interpersonale. Essi sono convinti di essere assertivi perché parlano poco rispetto alle donne e, quindi, esprimono pochi concetti ma chiari. In realtà tengono i propri pensieri per sé e pretendono di essere capiti dalle partner praticamente senza mai esprimersi.

Soluzione: impegnati a sviluppare attivamente quello che ti sembra passivo. Sperimenta e ascolta come reagisci dopo l'esperimento. Se ti capita di paralizzarti quando ci provi, accetta che sei lontano da questa possibilità. Non fa niente, puoi vivere bene anche così, ma da quel momento ti sentirai mancante di una o più qualità e questo ti consentirà di incontrare le donne e gli uomini da una posizione più umile e rispettosa delle carenze altrui.

71

Omosessualità

Il termine natura deriva dal verbo latino *natus = nascere*.
Il termine conserva una idea di nascita, di forza
generatrice. Il fatto che si muova attraverso leggi come da
sempre la scienza cerca di dimostrare, deve includere
anche l'uomo. L'uomo è natura come le formiche, la giraffa
o un albero o una montagna. Inoltre, tutto quello che si
origina nell'uomo e grazie all'uomo è naturale. Intendo
frutto di leggi insite nella natura. Anche l'affetto, il
rancore, la generosità, il desiderio di cura, l'odio, l'amore,
l'astuzia, la guerra, l'ignoranza, il genio e con queste
produzioni della natura attraverso l'uomo. Così pure tutte
le forme di sessualità sono naturali. Così come diciamo il
leone mangia la preda ma è la sua natura, dobbiamo
applicare lo stesso ragionamento anche all'essere umano.

Quindi l'omosessualità è naturale. Detto questo non voglio
perderci troppo tempo. Chi critica l'omosessualità fa
affermazioni sbagliate assecondando i propri preconcetti e
forzando la realtà. Non vi è traccia di un atteggiamento
scientifico o razionale nella critica all'omosessualità. Ogni
critica all'omosessualità cerca di dimostrarne la non
naturalezza, rientra nel concetto di violenza. Certamente
l'omosessualità esattamente come l'eterosessualità può
assumere forme violente.

Soluzione: ogni volta che disprezzi qualcuno o qualcosa è
utile verificare se ti stanno facendo violenza. Per fare ciò
occorre saper dirti e specificare che tipo di violenza in
particolare viene messa in atto, ovvero, cosa viene

Centro
di Ascolto

Uomini
Maltrattanti

effettivamente colpito in te dai comportamenti altrui, tanto che reagisco con disprezzo. Non guardare al comportamento che ti disturba, non pensare alla tua reazione, ma concentrati su cosa viene danneggiato o ferito in te da quel comportamento.

Il più delle volte quello che scoprirai ti stupirà.

Potrai scoprire punti deboli della tua personalità, angosce, rabbie incancrenite, vecchie ferite non ancora rielaborate che risuonano con quello che ti accade oggi. Ti accorgerai che della reazione, ad esempio di disgusto, sono responsabili altri eventi del passato, forse alcune tue convinzioni mai verificate o potrai addirittura accorgerti che quel disgusto è diretto a te stesso per non avere ancora reagito adeguatamente a certe tue passività del passato di fronte ad atti che hai ricevuto o commesso. L'ovvio vantaggio di tale auto osservazione è che puoi intervenire in maniera efficace sulla tua vita per renderla migliore, apportando le debite correzioni. Incolpare qualcuno di quello che senti senza avere verificato, ti può portare a prendertela con la persona sbagliata o nel momento sbagliato, senza risolvere alcunché di quello che ti importa veramente.

Soluzione: sganciati dall'idea di natura e cultura separati. La cultura è frutto della natura e quello che accade in termini culturale è frutto della natura, a meno che non definiamo i pensieri, i sogni e i desideri innaturali, ma in quel caso scindiamo l'uomo dalla natura e allora niente è più naturale nell'uomo.

Centro
di Ascolto

Uomini
Maltrattanti

So bene che come maschi ci hanno insinuato a suon di violenze un senso di diffidenza e disprezzo verso l'omosessualità e l'omosentimentalità, tanto che spesso a noi maschi accade di sentire che lo stesso nostro corpo ne ripudia la vista o l'idea, ne abbiamo ribrezzo. Questo è il segno della enorme violenza che ci hanno fatto. Ci hanno insegnato ad odiare direttamente una parte dei maschi e indirettamente a tenerci a distanza della restante parte.

L'idea di devianza è figlia di una inventata separazione. Infatti se pensiamo all'esistente come ad una cosa unica, qualunque sua produzione la dobbiamo considerare "naturale" e necessaria. Questo ci toglie dall'imbarazzo di dover accogliere e riconoscere le diversità. Normalmente prima creiamo le diversità e poi diciamo di volerle ricomporre.

Ogni volta che si dice: "dobbiamo accogliere la diversità" stiamo dicendo che c'è una diversità.

Molto più semplice è non vedere nessuna separazione tra me e l'assassino, tra me e il violentatore sessuale, tra me e il "pazzo", tra me e la persona di un'altra cultura. Anzi, proprio questa fioritura sempre nuova e inaspettata che mi trovo davanti mi fa risvegliare a ciò che è bene. La normalità è la condanna che ciascuno si dà, è la semplificazione della vita, è produrre un senso di morte in vita rispetto all'incontenibile che siamo.

Centro
di Ascolto

Uomini
Maltrattanti

Il pesce che sta nel mare non sa di essere l'oceano, ma se per un istante con un balzo salta fuori dall'acqua, può ricaderci dentro con una nuova consapevolezza. Come a dire che ogni separazione che mi si presenta innanzi diviene una occasione di comprendere qualcosa di nuovo, ma anche di percepire che non può permanere in quanto tale. Quando odio sono attratto e legato alla persona che odio, quando amo pure. Siamo Oceano. La soluzione ai nostri problemi è partire dal riconoscimento dell'interrelazione, per distinguere la violenza che origina chi mantiene rigidamente le separazioni. Sezionare il mondo per imporre gerarchie di valore è un assalto al sacro.

Vedere il film "Close" diretto da Lukas Dhont (2022) per capire quanto la violenza esercitata attraverso la paura dell'omosessualità si riversa sugli uomini. Dopo il film, lettore, potrai intuire meglio cosa forse hai sacrificato nella tua vita e quanto avrebbe potuto essere più dolce.

Omofobia

Sostanzialmente l'aver educato gli uomini alla ricerca del potere, sugli altri maschi e sulle donne, rende gli uomini più competitivi che collaborativi. Dovendo conquistare una posizione nel mondo maschile per non restare emarginati, gli uomini possono diventare mine vaganti. Ogni uomo sa bene di cosa è capace l'altro uomo perché conosce se stesso. I giovani vanno in

discoteca come alla caccia, cercano prede femminili e difendono il proprio cortile dagli assalti dei rivali. I fidanzati si preoccupano per come si veste la partner conoscendo in prima persona i pensieri dei compagni di genere. Spesso succedono risse tra gruppi di maschi per la difesa delle donne o, se vista dal punto di vista femminile, per la minaccia e il controllo delle donne.

Soluzione: come fare lettore per contrastare l'omofobia? Inizia a coltivare le tue qualità migliori. Mano a mano che queste qualità si svilupperanno e si consolideranno sorgerà in te maggiore fiducia nella possibilità di cambiamento tua e, di conseguenza, del maschile. Inizierai a riconoscere che in te esiste una parte positiva che diventa sempre più predominante nella tua personalità.

Potresti addirittura a un certo punto accorgerti che la parte buona negli esseri umani sta a fondamento dell'umano. Saprai per certo che esistono e sono praticabili diversi percorsi per attivare questo cambiamento in positivo proprio per averlo fatto tu stesso. La fiducia si impossesserà di te fino a voler bene agli altri maschi grazie al fatto che li vedi errare e soffrire mentre fanno violenza. Coglierai il loro essere vittime del patriarcato e potrai empatizzare con loro sulla base di una comune sorte e ogni tanto trovare la solidarietà di compagni di percorso per la contemporanea liberazione di uomini e donne.

Centro
di Ascolto

Uomini
Maltrattanti

Il senso di sporcizia e i sensi di colpa degli uomini

L'amore si può definire come assenza totale di avversione. Molti pensano che avere uno slancio verso una persona (averne bisogno, desiderarla, divertirsi con lei, ecc...) sia amore. Ma sembra più coerente ad uno sguardo attento riconoscere che dentro una grande passione, se c'è avversione (non mi piace il suo odore, come si veste, le sue scarpe, quel tal gesto, quella particolare espressione del viso), l'amore non ha un luogo dove esprimersi. L'amore finisce per sporcarsi di rancore.

I maschi vivono una ennesima contraddizione. Spesso pensano cose del tipo "una donna che fa sesso in maniera libera è una donna poco seria" mentre la desiderano sessualmente spregiudicata; oppure pretendono di disporre di donne a pagamento per il proprio piacere sessuale, ma si rifiutano di dare valore a queste donne che li soddisfano nelle loro fameliche voglie per relegarle da sempre al di fuori della società civile come delle reiette; e come ultimo esempio, gli uomini attribuiscono maggior valore all'attività intellettuale rispetto alla sessualità anche se è un atto sessuale che li ha originati.

Gli uomini screditano la sessualità che desiderano. Nei videogiochi a sfondo sessuale si rappresentano come mostri stupratori; qualcuno si eccita a vedere un vecchio brutto fare sesso con una donna giovane e

bella; altri pensano che togliere la famosa verginità corrisponda ad infangare una donna e questo li eccita.

Ho incontrato Alessio, un ragazzo di 19 anni, che cerca di fare sesso in maniera ossessiva con le ragazze, ma poi una volta finito il rapporto sessuale, avverte un senso di nausea e non può sopportare la presenza della ragazza, figuriamoci l'intimità con lei; a volte le caccia in malo modo o trova una scusa per andarsene.

Vorrebbe un rapporto d'amore, ma la sensazione di schifo è più forte. È costretto a ripetere questa assurda tensione tra desiderio e repulsione.

Marco 42 anni, confonde il proprio desiderio con il dover dimostrare la propria virilità. Costringe le proprie partner a fare sesso quasi ogni giorno altrimenti sente messa in pericolo la propria mascolinità. Finisce per picchiare le donne che non confermano questa sua identità iperstereotipata e onnipotente.

Alessandro, 36 anni, deve bendare le proprie partner o legarle durante i rapporti sessuali per far loro rivivere la sensazione che ha provato all'età di 12 anni, la prima volta che una donna molto più grande di lui, amica di sua madre, lo ha masturbato in una stanza semi buia in cui si è sentito eccitato ma violato; una trappola psicologica che lo fa sentire disperatamente solo e rende impossibile un vero legame che includa l'affetto.

Centro
di Ascolto

Uomini
Maltrattanti

Gli uomini si sentono sporchi proprio mentre non fanno altro che ricercare il sesso. La cultura patriarcale ci ha convinti che quello che riguarda il corpo è una cosa sporca o, più semplicemente, noi uomini sporchiamo la sessualità con il nostro modo di fare sesso.

Abitiamo questa vita, quindi occorre preservare la vitalità. Ma, attenzione, occorre alimentare solo quello che nutre la vita e non quello che non serve alla vita, occorre comprendere quale è il nostro destino di uomini per disinteressarci sempre più di ciò che non influisce su quel destino. Non basta occuparsi della forma fisica per mantenere la propria vitalità, serve una elevazione qualitativa di tutto il nostro essere. Non si tratta di muoversi nell'ordine della volontà: "voglio essere migliore", ma dare spazio alle forze vitali per far sì che le cose accadano spontaneamente.

Normalmente diamo troppa importanza alle prestazioni e ai risultati frutto della volontà e poco al contenimento, al raccoglimento dell'energia. Occorre disinvestire da questo processo che disperde inutilmente le energie senza ottenere una vita soddisfacente.

Esercizio: la forza vitale è unica, ma si esprime in vari modi (attraverso il respiro, producendo sperma, con la circolazione del sangue, attraverso "l'elettricità" del sistema nervoso). Semplicemente ascolta queste forze come si esprimono in te. Prova a galleggiare in questo ascolto sospeso e silenzioso, frequentandolo assiduamente, magari anche un solo minuto al giorno.

Prenditi il tempo per veder sorgere quella nota che suona come un muto accordo con l'altra/o e col mondo. Non serve preferire, non è importante rifiutare: solo accolgo, solo ascolto e lascio fare. Mi lascio esistere. Lascia che le forze vitali debordino da te, sentiti senza confini. Tutto è più facile se non devi essere in un modo preciso. Le forze che ti hanno voluto vivo sanno prendersi cura di te. Estasi. Forza interiore.

La strada del *Sex Defender* comporta una purificazione dai sensi di colpa che ci hanno trasmesso fin dalla nascita e che via via ci carichiamo sulle spalle rallentando il nostro cammino. Questi sensi di colpa sono proprio quelli che ti tengono colluso con questo mondo violento nato dalle generazioni che ci hanno preceduto. Liberarti da essi ti farà sentire bene. Gli altri maschi cercheranno di comprometterti nelle modalità che tu stesso non apprezzi, per legarti alla loro stessa vergogna. Tu non gli credere, tu volta la faccia verso quello che "nutre" la tua autogeneratività: fiorisci!

Come reagisce di solito un uomo che ha poco riflettuto sulla differenza di genere, quando gli viene chiesto di esprimere un parere sulle relazioni tra i generi? Che succede se le conseguenze logiche, che scaturiscono dalle riflessioni sulla figura e il ruolo dell'uomo patriarcale, finiscono per relativizzare e frantumare la propria immagine di uomo, senza attivare nessun tipo di critica costruttiva? Mi capita spesso di percepire nell'uomo un senso di colpa che, ora lo fa irrigidire, ora spaventare, ora reagire irritato, a volte diventare violento, comunque, al di

là di ogni possibile reazione, quell'uomo evita di occuparsi della causa vera che ha generato il suo senso di colpa, permettendo che la sensazione di disagio e di inadeguatezza che ne derivano alberghino in lui in modo latente.

Perché avviene questo?

L'uomo si ritrova negata la sua autenticità, paradossalmente, da quella stessa immagine patriarcale che, nel tempo, gli ha procurato un vantaggio sulle donne, ma che oggi rivela il suo anacronismo, la sua mancanza di efficacia intellettuale, la sua povertà di motivazioni valide, positive. Quando qualcosa permane a lungo alla nostra attenzione, il cervello smette di segnalarlo con forza, non riesce più a focalizzarlo: l'oggetto c'è, ma di esso non si ha consapevolezza. Così, un problema, seppur esistente, perde momentaneamente la sua consistenza e sembra non essere più percepibile, ma, se in qualche modo evocato, riemerge con violenza, annunciato dal senso di colpa. Sappiamo tutti che il senso di colpa si può facilmente rimuovere, attribuendone la causa a qualcuno, ad esempio, alla donna: "È colpa tua se io sto male!". Inoltre, se il senso di colpa è strettamente collegato alla relazione che si sta vivendo, è ancora più facile proiettarlo sull'"oggetto" immediatamente più "vicino".

Soluzione: dunque, per liberare il vissuto "viziato", imbrigliato dalle fallacie di ciascun uomo, una soluzione da adottare potrebbe essere quella di comprendere la vera natura di una colpa, ossia capire se, agendo in un certo

modo, si è operato un tradimento nei confronti dei propri valori e, quindi, il senso di colpa può risultare legittimo, o se la colpa è solo immaginata, quindi, generata da un sentire comune, tramandato in quanto costruito culturalmente, ma che non ha riferimenti concreti nel proprio presente.

La proposta di un'analisi del proprio percorso mentale, di primo acchito, ti può spaventare caro lettore, ma, è necessario che ne comprendi l'utilità, ovvero, che, tu distingua le "vere" colpe da quelle "false", per recuperare la veridicità del tuo sentire.

Uno sguardo introspettivo di questo tipo richiede coraggio, perché fa contattare il proprio senso del limite, ma in cambio di una fragilità disvelata puoi ottenere chiarezza, oltre alla possibilità di avere una visione più realistica di te da cui partire per migliorarti. Alcune colpe non sono riparabili, altre, cambiando comportamento, possono ridimensionarsi o sparire del tutto.

Ecco un altro vantaggio: disancorare le proprie energie, immobilizzate dalla percezione "dell'irreparabile", per convogliarle con forza e usarle per modificare tutto ciò che è ancora modificabile! Occorrerà che tu divenga abile, attento, al fine assaporare e lasciarti trasportare dalla sensazione di leggerezza provata allo svanire dei sensi di colpa, senza diventare insofferente, quasi rabbioso nei confronti di chi non ha ancora sperimentato, come noi, il nuovo percorso di vita e di consapevolezza. Questo è il momento più delicato e tutto va osservato ancora più

Centro
di Ascolto

Uomini
Maltrattanti

attentamente: il terreno è cedevole perché non ti sarà ancora chiaro se sei portatore innocente di valori negativi del patriarcato o mantieni una complicità più o meno consapevole in una situazione ordita da altri, ma nella quale è comodo restare.

Esercizio da fare per tutta la vita: l'analisi delle colpe.

Chi ha interesse che tutto l'orrore e la sofferenza possibili continuino, vuole che tu abbia delle colpe così da poterti sempre ricattare. I sensi di colpa fanno sì che tu stesso ti limiti per non rischiare che emerga qualche tua colpa quando ti metti troppo in mostra.

- Ricorda che puoi sentirti colpevole solo di una situazione di cui ti senti responsabile. Allora guarda dentro alla situazione colpevolizzante con insistenza per distinguere bene quali colpe ti attribuisci e lascia andare i sensi di colpa che non sono tuoi ma hanno iniziato ad agganciarsi alle colpe che ritieni vere. Non permettere che la colpa si gonfi di altri errori che credi di avere commesso o che magari ti sono stati attribuiti da altri per sbaglio.
- Nel fare questa analisi vedrai che i sensi di colpa si chiariranno e lasceranno spazio alla chiara necessità di non ripetere l'errore, comprenderai che una volta assunta la responsabilità dell'atto, potrai muoverti leggero al di fuori della colpevolezza.
- Quando hai capito profondamente l'errore commesso, sai anche per certo che non lo vuoi rifare.

83

Centro
di Ascolto

Uomini
Maltrattanti

- Attento che se continui a mantenere quella colpa, nonostante la sofferenza che ti porta, significa che ti dà un vantaggio.
- Il vantaggio che dà è in genere una sorta di potere sopra gli altri. Ad esempio: il vantaggio è che mentendo colpevolmente tengo in piedi una relazione con due partner, ma so di mentire a tutte e due su quello che penso realmente. Non esiste altro modo per uscire da quella situazione che riconoscere la parte di mia responsabilità e quali sono i miei legami. Altro esempio: se tua moglie ti accusa di non lavorare abbastanza in casa, inizia o incrementa il tuo impegno nei lavori domestici partendo da dove ti è più facile e datti tempo per imparare, un pezzo alla volta, quello che fa tua moglie e quando starete collaborando in maniera equa nei lavori di casa, accadrà il miracolo. O la tua compagna non sentirà più il bisogno di incolparti, oppure sorriderai delle sue parole quando lo farà, perché starai facendo quello che è giusto, completamente sgravato di colpe.
- Inoltre, scoprirai sicuramente che comportarti in tale maniera ti inizierà a piacere, inizierai a trovarci soddisfazione. Un doppio tesoro nelle tue mani: non più colpevole e sereno. Se non cambierai, invece, ti terrai il senso di colpa e manterrai la tua vita dentro una prigione creata da te stesso.
- Inizia a vivere la tua vita togliendo via via tutte le colpe e un senso di grande sicurezza occuperà i tuoi sentimenti prima compressi e costretti a nascondersi.

Centro
di Ascolto

Uomini
Maltrattanti

Secondo aspetto: occorre anche liberarsi dalle colpe
attribuite dalla società.

- Alcuni dei problemi che andiamo elencando, e tanti
  altri ancora, vengono trasformati sempre più spesso
  in un sintomo, o in un insieme di sintomi, dalla
  società in cui viviamo. Lo fa attraverso "esperti" di
  vario tipo (medici, psicologi, preti, scienziati,
  economisti). Non metto in discussione l'esistenza o
  le capacità di queste ed altre figure professionali,
  ma critico solamente un certo atteggiamento verso i
  comportamenti relazionali violenti. Se l'atto
  violento viene indicato come un sintomo
  intrapsichico di qualcosa di estraneo alla volontà
  del malcapitato, che si è impossessato di lui come si
  dice faccia un virus, facciamo un danno alla
  persona.
- Qualora, caro lettore, accetteresti questa lettura di
  te stesso ti graveresti di una colpa: quella di esserti
  ammalato. Molti accettano di farsene carico perché
  questo consente di sentirsi comunque integrato
  nella società, anche in presenza di problemi che
  andrebbero estirpati a giudizio della società stessa.
  L'ammalato è comunque una vittima del male di cui
  è portatore, non il suo artefice diretto.
- Questo pensiero consente all'autore del
  comportamento inadeguato di delegare il problema
  della cura all'esperto e di sentirsi meno
  responsabile.

Centro
di Ascolto

Uomini
Maltrattanti

- Perciò, ad esempio, il fatto che tu spendi tutti i soldi della famiglia nei videopoker, se letto come un sintomo di una malattia psicologica, non fa di te una persona che sceglie di fare violenza economica agli altri componenti della famiglia, ma sei una persona che ha un problema di gestione del denaro.
- D'un colpo succede che non potrai trovare in te la soluzione al problema. Invece sei proprio tu il problema e sei tu che puoi arrivare a risolverlo. Ad esempio, gli atti di pedofilia vengono colpiti da una condanna morale senza appello dell'autore, senza alcuna verifica della sua giustezza. Questa condanna limita la possibilità di raccontarsi da parte di chi mette in atto tali condotte pericolose. Lo scandalo creato dall'opinione pubblica e dalla stampa serve a intrappolare sia gli autori delle violenze che le vittime e a condannarli al silenzio, favorendo così involontariamente (?) la prosecuzione delle condotte e impedendo la critica aperta di quei comportamenti.
- Perché ho messo in dubbio quale sia veramente l'intenzione della società rispetto a certi problemi? Guardando al caso dei soldi spesi al videopoker si comprende bene. Se il problema emergesse nella sua interezza, occorrerebbe iniziare a pensare alle responsabilità di chi gestisce i luoghi dove si scommette, dei politici che li autorizzano, di chi ha votato quei politici, occorrerebbe rinunciare agli introiti economici che ne derivano e così via, fino a dover sottoporre a critica ampie parti della società.

- Meglio colpevolizzare il singolo e assolvere la comunità. La società, ma forse anche tu caro lettore, preferisce pensare che chi agisce violenza sia un mostro, un corpo estraneo senza legami con la cultura che condividiamo, pur di non affrontare i veri problemi, che per alcuni sono addirittura dei vantaggi.
- Quindi sta a te, caro lettore, uscire da queste collusioni. Nei lager nazisti, se il detenuto seguiva le regole del campo di sterminio rischiava di meno la propria vita, ma le regole erano impossibili da essere seguite fino in fondo e, quindi, per non essere sorpreso mentre non portava a termine il lavoro secondo le regole, il prigioniero doveva compiere di nascosto atti al di fuori dalle regole. Oggi la maggioranza dei lavori nella nostra società si ispirano a questo modello che consente di rendere tutti precari grazie al senso di colpa. Per mandare avanti il lavoro devo adeguarmi a fare una parte del lavoro in maniera irregolare, devo fingere di non vedere un problema che dovrei risolvere per poter chiudere in tempo la questione.

Soluzione: non devi avere nessun senso di colpa. Sul lavoro e in famiglia devi fare solo ciò che è giusto. Se hai ferito una persona devi mostrare di avere capito cosa la ha ferita e manifestare il dispiacere per averla messa in difficoltà. Chiedere scusa, ma soprattutto cercare di tirare fuori le tue parti migliori quando la incontri; per sempre da quel momento in poi dovrai impegnarti a dare sempre di più. Ricordati, a questo proposito, che la volontà di

amare non è ancora amore. Devi riconciliarti. Non restare impigliato nel senso di colpa, diventa una persona che si impegna con se stesso a non tenere più quei comportamenti una volta per tutte. Proponiti di abbandonare i comportamenti che ritieni sbagliati dei nostri padri. Inizia anche sul lavoro ad attribuire le responsabilità a chi ti vorrebbe zitto e con la schiena piegata a insistere in comportamenti che oramai sai essere scorretti.

Una nuova vita ti aspetta, caro lettore, e potrai guardare chi ti vuole attribuire delle colpe come a delle tigri di carta. Certo ti inizierà ad apparire il vuoto relazionale che i nostri padri e in parte noi stessi abbiamo in realtà coltivato per anni. Si tratta di guardarlo in faccia e attraversarlo per andare oltre. Non spaventarti e fidati di te e finalmente sarai onesto, vero, puro, libero da colpe!

Forse avrai intuito che sto sostenendo posizioni che sono a volte antitetiche: la posizione fondamentale che ho sostenuto fino ad ora potrebbe essere criticata con la seguente affermazione: "ma allora è responsabilità mia o della società se faccio violenza?" Il *Sex Defender* deve aprirsi ad un nuovo tipo di logica che non prevede o questo o quello, ma che considera più posizioni al contempo. Sì, la verità può essere contraddittoria, ma non per questo meno vera. Del resto la fisica atomica ce lo ha spiegato bene, ad esempio attraverso il principio di indeterminazione di Hisemberg o con il principio di complementarietà di Bohr: in un sistema è impossibile determinare contemporaneamente il valore di due osservabili

Centro
di Ascolto

Uomini
Maltrattanti

complementari. Perciò sono sempre costretto a scegliere un punto di vista tra individuo c società, ma entrambi i punti di vista restano complementari e permane la validità di entrambe le analisi, anche quando sembrano contraddirsi.

Paura dell'intimità e violazione del pudore

Nessuno sa veramente perché, ma della sessualità non si può parlare serenamente. Quando nel nostro Centro di Ascolto un gruppo di uomini si racconta reciprocamente aspetti della propria sessualità, senza millantare capacità inesistenti, si genera sempre una tensione che scorre sotterranea ai racconti, ma distintamente percepibile.

Eppure sono uomini abituati a trattare temi delicati come i propri comportamenti violenti. Questo non accade solo tra uomini. Parlare di sessualità con i figli risulta difficile. Tra donne e uomini vige una sorta di tabù che spesso vieta di parlarne.

Quando in classe divido gli studenti in maschi e femmine e li invito a chiedere quello che non sanno della sessualità e dei pensieri che frullano in testa all'altro sesso, i maschi faticano ad individuare un tema, eppure fanno continuamente battute a sfondo sessuale.

Tra maschi è vietato anche parlare di sentimenti positivi verso le donne, per non parlare della possibilità di esplicitare sentimenti positivi verso gli uomini. Se un maschio affermasse all'interno di un gruppo di uomini "io

Centro
di Ascolto

Uomini
Maltrattanti

amo la mia compagna" verrebbe immediatamente deriso da tutti per screditare il suo sentimento.

Durante tutto il periodo degli studi i ragazzi si sentono liberi, anzi, incoraggiati a deridere, criticare, umiliare gli altri studenti e studentesse. Questo è consentito, nessuno si scandalizza. Qualora invece un ragazzo o una ragazza esprimesse pubblicamente un sentimento positivo verso un/a compagno/a di classe verrebbe perseguitato per tutti gli anni scolastici a venire, fino a dover rinnegare quel sentimento. Per questo poi arriviamo nel mezzo del cammin di nostra vita che la retta via è smarrita.

Tutto quanto è intimo scatena un terrore folle negli uomini.

Questi desiderano fare sesso o sposarsi con le donne evitando di entrare in intimità con loro. Per riuscirci fanno spesso sesso immersi in pensieri dissociati dall'atto sessuale. Sognano durante il rapporto situazioni in cui la propria partner sia posseduta da altri uomini mentre loro stanno a guardare, o altre immagini simili, utili a sconnettersi dal contatto vero e proprio in atto in quel momento.

Gli uomini desiderano mettere a nudo le donne. Il denudarle ci illude possa portarci un non ben preciso ottenimento aggiuntivo oltre al piacere. Una sorta di isola che non c'è verso cui tendiamo come fossimo vittime di un incantesimo.

Centro
di Ascolto

Uomini
Maltrattanti

Abbiamo sviluppato l'ossessione della forma come voce dell'essenza. Abbiamo deciso, senza alcuna prova, che la pelle sia il confine che definisce l'umano, senza tenere conto che, a seconda di dove concepiamo il confine, modifichiamo il senso e il contenuto della relazione.

Scardinare il pudore è diventato eccitante, perché sembra di superare un limite, non lecito, posto tra noi e la verità del mondo.

Questo è un pensiero che viene da lontano. La cultura dei greci che ci parla attraverso statue di corpi nudi, il mostrarsi di una verità nella improvvisa consapevolezza della nudità di Adamo ed Eva, la nudità definitiva nel Giudizio universale di Michelangelo, la nudità velata di Cristo che mostra il divino. Fino ad arrivare, tagliando corto con una lunga tradizione, alle veline, alle prostitute e alla pornografia di oggi, che sono esposizione del piacere, ultimo mito a cui si affidano i maschi per dare un senso alla loro vita, nel deserto nichilista contemporaneo.

Nella relazione ognuno è soggetto, ma per sentirsi tale ha bisogno di un oggetto, l'*altra/o*. Questa interconnessione reciproca è ignorata dagli uomini, che pensano con la messa a nudo dell'oggetto, di possedere l'*altra/o* e di fissare e fondare il proprio potere esclusivamente come soggetti.

Affinché possa reggere tale illusione, gli uomini devono ignorare lo spazio dell'intimità: un ambito che tiene assieme me e l'*altra/o* come due calamite. Dove ciascuno

Centro
di Ascolto

Uomini
Maltrattanti

ha in sé due forze che agiscono a seconda della
disposizione dei soggetti: ora si attraggono cercando
l'approdo nell'indistinto, ora si respingono o, per meglio
dire, con l'avvicinarsi accrescono il differire. Entrambe le
disposizioni sono sempre compresenti, generando una
sospensione che ci regala lo spazio relazionale in cui ci
muoviamo.

Alla donna, imprigionata dall'immaginario maschile nella
staticità del nudo come oggetto da esposizione, non si
riconosce uno spirito cangiante, desideri e intenzioni.

Quello che è vivo viene stabilito come una cosa morta, che
riluce nella sua nudità, senza più alcun rimando a valori
altri. La condivisione di una siffatta rappresentazione del
femminile, da parte degli uomini come della società
comune, in parte giustifica il pensare che plasmare il
proprio corpo per adeguarsi al bello condiviso sia un modo
per sentirsi compiuto/a nel mostrarsi.

Il maschile è costretto a sparire da questa
rappresentazione per non diventare lui stesso oggetto,
preferisce non pensarsi e, così, rinuncia all'intimità e non
entra in relazione, almeno non completamente, per timore
di sentirsi smarrito.

Intimità bene espressa dal termine francese _connaître_,
ovvero conoscere come _essere con_, ma che suona anche
come nascere assieme. Come a voler dire che non c'è
conoscenza senza un legame d'amore. Costringendo noi
stessi a scegliere di essere o solo soggetto o solo oggetto, ci

Centro
di Ascolto

Uomini
Maltrattanti

auto-limitiamo, negandoci cambi di prospettiva. Il nudo così pensato de-umanizza, ignorando sia la realtà della donna, che vuole viversi soggetto libero, sia il bisogno dell'uomo che vuole sentire una maggiore densità vitale e una più concreta presenza.

Soluzione: frequenta l'intimità come se entrassi in quelle vecchie giostre che vedevo tanti anni fa nei luna park. Erano costituite da un labirinto di vetri. La soluzione del labirinto è sempre in vista ma se correvi troppo veloce in quella direzione rischiavi di sbattere contro un vetro. Dovevi muoverti nel labirinto con grande cautela assieme alla compagna/compagno che aveva accettato di percorrerlo assieme a te, magari anche seguendo strade diverse in autonomia. Nel carrozzone del labirinto ridevi e scherzavi del vostro smarrirvi, della vostra ansia di incontrarvi in libertà e proprio questo era il bello del labirinto. Sempre, alla fine di quei labirinti mettevano degli specchi deformanti, come a ricordarti che quello che troverai alla fine del percorso non è comunque quello che ti attendi. L'uscita dal labirinto delle identità ti trasforma sempre, non puoi restare come prima. Nessuna pretesa deve essere nelle tue relazioni se non vuoi smorzarne la bellezza.

Sogni ad occhi aperti. Immaginazione e violenza

Per la legge, per il diritto si è colpevoli solo quando si passa all'azione, se si pensa una violenza, cioè se resta solo un processo psichico e non si materializza esteriormente,

93

non si è ritenuti colpevoli. Resta cioè impunito il pensiero. È però un fatto che, quando si compie un reato, per essere condannati serve che il giudice rilevi una colpa, se incapace di intendere e di volere cala o sparisce la responsabilità che il diritto attribuisce al reo. Quindi non vi è pena senza colpa.

Questa logica della legge italiana ha permesso l'assoluzione di un uomo già condannato al carcere per aver tentato di uccidere l'ex partner, quando dal carcere ha pagato un altro detenuto dimesso, perché finisse l'opera da lui intrapresa e non portata a compimento; il detenuto è stato assolto seppure del patto omicida esistesse l'intercettazione registrata, solo perché il killer non ha poi eseguito l'omicidio. Si tratta di una storia dove risulta evidente che l'origine del male la devo cercare a monte delle azioni.

Quello che facciamo nel nostro centro di ascolto è identificare ciò che origina il problema, che preferiamo non chiamare colpa, fin già nei pensieri e nelle intenzioni dell'uomo. Sulle prime può sembrare un atteggiamento persecutorio, ma in realtà è prima dell'azione che si gioca il destino di un uomo, è modificando le proprie convinzioni che egli può cambiare le proprie azioni. Non si compie un'azione se non la si è desiderata, pensata, progettata. Quindi non è importante che diventi o meno atto compiuto, la violenza è già nel pensiero.

Ho conosciuto un avvocato che in un processo per stupro si eccitava durante il racconto dello stupro da parte

Centro
di Ascolto

Uomini
Maltrattanti

dell'aggressore. Capite la distorsione interiore
dell'avvocato in qucl caso? La sua fiducia nella giustizia, i
suoi valori etici andavano a cozzare contro il suo
corpomente che diceva il contrario. La violenza sulla
donna era per lui addirittura eccitante. È evidente che
quell'avvocato, per il proprio giudice interiore, è un uomo
violento, anche se non compie atti violenti.

Non infliggere punizioni in base al pensato è una garanzia
perché non vengano punite legalmente le intenzioni e i
pensieri. Spesso nelle dittature è stato fatto proprio
questo, ovvero si sono perseguite le idee degli esseri
umani. Nel nostro centro di ascolto, non dovendo
infliggere punizione alcuna, possiamo lavorare sulle cause
interiori senza alcun timore di essere violenti. La nostra
intenzione è liberare gli uomini dall'immaginazione
violenta.

Per questo una fantasia erotica violenta è sempre
pericolosa, anche se non diventa azione esterna, perché
comunque "macchia" la coscienza della persona che ne è
portatrice. Pensare la violenza, anche per gioco, anche solo
per distrarsi, significa eccitarsi grazie a questa.

Le immagini terrificanti di annientamento dell'umano che
noi maschi creiamo nella pornografia, sono tracce dei
desideri feroci che portiamo dentro. Queste immagini
interdicono, fino a che permangono dentro la mente
dell'uomo, la possibilità di sentirsi una persona onesta e
pacifica. A ben guardare non consentono redenzione
alcuna.

95

Centro
di Ascolto

Uomini
Maltrattanti

Le immagini della pornografia, figlie dei nostri sogni ad occhi aperti, contrastano con l'immagine idealizzata che abbiamo dell'amore. Noi sogniamo di essere portatori di giustizia ed amore proprio mentre ci cibiamo nella nostra mente di immagini abusanti.

Lettore, se vuoi diventare *Sex Defender* devi accettare che in alcuni momenti, volente o nolente, sei o sei stato un portatore di ostilità in situazioni dove non aveva alcun senso che fosse presente questo sentimento. Desideri violenti e di nullificazione, soprattutto verso le donne, che forse ti sono apparsi in maniera più o meno consapevole, se guardati per quello che sono, senza aggiungere nulla, ti appariranno gravi.

Ipotizziamo che io ti forzi, caro lettore, davanti a diverse persone che assistono, ad essere posseduto sessualmente da me, ma con disinteresse verso quello che stai provando, trattandoti come un corpo da violare per il mio piacere e, intorno a te, vedessi i visi soddisfatti di chi sta riprendendo la scena per poi postarla su internet, come ti sentiresti?

Sentendo che il tuo essere viene trasformato in una cosa tra le cose, una specie di bambola gonfiabile per il mio piacere, potresti tornare a trascorrere la vita quotidiana con la convinzione che siamo in una società giusta e sensibile? Ora forse stai pensando che quelle che ogni tanto ti si presentano nella mente sono innocue immagini, che non fai del male a nessuno, che sono solo scherzi della mente. Ma se ti ascolti, nel momento in cui ti dici "non

faccio del male a nessuno" stai pensando che quel pensiero è intessuto di male. Siamo noi che ci masturbiamo davanti a quel vuoto orrore dove si rappresentano le fantasie di onnipotenza degli uomini. Parlo di vuoto, innanzitutto perché sono immagini e non sei il protagonista dell'atto sessuale (prima frustrazione che vivi mentre guardi le immagini), non sei colui che riprende la scena (che invece ci guadagna mentre tu ci perdi tempo o addirittura ci spendi soldi – seconda frustrazione che ti infliggi); infine credo tu conosca la sottile sensazione di fastidio che vivi dopo essere venuto. Sì, è stato piacevole, ma se qualcuno ti vedesse mentre ti masturbi davanti a uno schermo proveresti vergogna, quindi, magari inconsapevolmente, ma ti stai vergognando di te (terza frustrazione). E ancora, può succedere che hai diverse cose importanti da fare, ma poi improvvisamente ti nasce il pensiero che sono piuttosto difficili e fastidiose da svolgere e che, forse, masturbarti sarebbe meglio... e il pensiero si insinua fino a possederti... e cedi a questo desiderio (quarta frustrazione: ovvero senti che la vita che ti sei scelto o che hai dovuto accettare è poco piacevole e capisci che stai solo compensando una tua infelicità). Ma questo momento contiene anche una quinta frustrazione: l'idea che scacci continuamente, ma che ritorna malevola, che questo bisogno ti possiede, vince la tua volontà. Sei dipendente dalla pornografia e ti senti veramente fragile e schiavo di questo bisogno, che in fin dei conti disprezzi.

Purtroppo nelle immagini che utilizzi vi partecipano donne reali, veramente abusate. Non so se riesci a perdonarti i momenti in cui ti immagini di star facendo tu quello che fa il protagonista maschile del video. È veramente innocuo, o

la violenza nasce proprio dalle fantasie di milioni di uomini simili a te? Ti sei mai chiesto da dove nasce la violenza piccola o grande che hai compiuto? O che gli altri compiono?

Soluzione: occorre riconoscere le forze che ci abitano, che ci fanno esistere. Ti garantisco che se farai questo, cioè se inizierai a riconoscere i sogni ad occhi aperti come tuoi veri desideri, a vedere quanto siano orrendi, violenti o semplicemente irrealizzabili a confronto con la realtà, essi si faranno sempre più radi e un giorno ti accorgerai che non appariranno più. Addirittura ho vissuto giorni in cui avrei voluto richiamarli volontariamente alla mia mente per riempire un tempo di veglia notturno in cui non sapevo che fare, nel tentativo di calmarmi dai pensieri che mi impedivano di dormire, ma queste immagini disturbanti non tornavano più, erano diventati non credibili ai miei occhi. Infatti e proprio questo il problema, perché una fantasia mi ecciti deve essere strutturata in maniera credibile ai miei occhi. Come in un film, se la trama non mantiene un aspetto di credibilità rispetto alle mie esperienze, smetto di interessarmene e non mi coinvolge più. La stessa cosa accade con certe immagini, non solo di tipo sessuale, ma relativamente a tutti i tipi di sogni di onnipotenza ad occhi aperti che ci "proiettiamo" nella mente per consolarci, che tornano e ritornano fino a che, in qualche modo, pensiamo che sarebbero una soluzione, un modo ideale di vivere, fintanto che sogniamo siano realizzabili. Proprio lì sta la connessione con la tua realtà, con la tua vita che normalmente distingui dai

pensieri. Invece no; i sogni, i sogni ad occhi aperti e i desideri quotidiani sono la stessa cosa... sei tu.

Inizierai ad utilizzare sempre più tempo per le relazioni vere e ti perderai sempre meno nei pensieri astrusi. Diventerai un uomo più concreto e i tuoi comportamenti saranno connessi inestricabilmente con il fondo della tua anima. Tutto di te apprezzerà donne, uomini e cose.

Il corpo è sacro

Ogni persona è santa, ogni corpo presente è rivoluzionario nel suo esserci e per questo chi vuole controllare l'umano, costringe i corpi forzandoli per poter raggiungere i propri fini. Per questo le differenze vengono notate e spesso colpevolizzate da chi vuole sentirsi superiore. Le parole che circolano dicono che siamo tutti uguali, che siamo in democrazia. Proprio in questa maniera la diversità oggi viene criminalizzata più che mai e i manicomi e le carceri sono confluite in ogni angolo del nostro vivere. Come ho già accennato, nelle scuole italiane le diversità di uno studente o una studentessa vengono colpite senza pietà da quasi tutti i compagni di classe. Si impara a ridere delle differenze. Il tipo grasso, la balbuzie, un taglio di capelli particolare, un atteggiamento, la forma di un orecchio, un vestito troppo rosso o troppo da sfigato, il parlare troppo o troppo poco, l'essere un ignorante, uno straniero, avere un atteggiamento effeminato per i maschi o un comportamento da maschi per le femmine, tutto questo e

infinite altre caratteristiche della persona sono prese di mira.

Ragazzi e le ragazze vivono nel terrore di essere al centro di questo discredito strisciante e onnipervasivo. Questo spinge a solidarizzare col bullo di turno, lasciando indifesa e sola la vittima. Ci si accontenta di non essere noi quelli messi oggi alla berlina.

La diversità è una colpa e l'uguaglianza un ordine sovraimposto a cui si deve tendere, se non addirittura obbedire. Oggi ci vendono l'uguaglianza solo per imporci la moda, i consumi, i comportamenti che sono funzionali al mercato che ha bisogno di standardizzazione per avere grossi guadagni.

Il corpo è rivoluzionario perché impone le proprie esigenze. Non mente come la mente. I corpi sono tutti diversi uno dall'altro. Generano terrore nel potere che vuole schedare l'unicità dei corpi, schedando le impronte, il DNA, i comportamenti che i corpi adottano, per in ultimo uniformarli. Così il corpo di un parlamentare o di un manager deve essere nascosto nella sua reale portata rivoluzionaria dietro a comportamenti rituali, abiti uniformati. Come qualcuno ha detto, basta pensarli seduti sul gabinetto e subito perdono questa aura di finta adeguatezza per ridivenire quello che sono, corpi che reagiscono al dominio, all'inquadramento.

Il corpo del senza tetto che chiede l'elemosina ci irrita, ci mostra il nostro egoismo, i corpi degli anziani ci mostrano

Centro
di Ascolto

Uomini
Maltrattanti

la nostra fine e il nostro essere velleitari, il corpo dei bambini ci mostra il nostro indurirci.

La medicina, quando è serva di questa ideologia, procede per malattie, quindi definisce solo le anomalie e non riconosce la capacità di ogni corpo di essere se stesso, di auto riprodursi. Si tratta della qualità che ha ogni corpo e che ha massimamente il corpo delle donne quando partorisce. Da qui il tentativo della scienza, figlia del potere maschile, di clonare il vivente come una sorta di masturbazione tesa a replicare se stessi. Mentre il femminile mette al mondo, utilizzando se stesse per generare il diverso da sé. Il maschile vuole generare l'uguale a sé utilizzando il potere insito negli altri, soprattutto quello delle donne.

Soluzione: guarda alla persona nella sua interezza di *mentecorpo*, ogni imperfezione, ogni incompletezza sono ciò che determina ciò che esiste e ciò che siamo. Ogni imperfezione sfugge alla sistematicità e ogni incompletezza impedisce di concludere in un significato positivo. Solo guardando in questa maniera possiamo comprendere gli altri. Dobbiamo utilizzare una modalità che sappia includere anche il negativo. La violenza è un atto che travalica la sacralità di ogni individuo lacerando la persona e portando il *corpomente* della vittima a girare a vuoto nell'impossibilità di comprendere perché gli viene fatto questo male. La percezione della violenza ci squarcia irrimediabilmente. Questa spaccatura impedisce alla vittima di restare nella postura psicologica precedente. Dopo la violenza la vittima è ancora quella di prima, ma

con in più questa ferita lancinante. Se la vittima cerca di richiudersi nella postura precedente cercherà di compiere una operazione impossibile, non si cancella la memoria di una violenza, posso solo cicatrizzarla rendendola per sempre evidente.

Se c'è violenza c'è qualcosa di violato. Quello che è violato è la sacralità della persona, ed il senso del sacro in generale. A quel punto, paradossalmente, se la persona ne ha la forza, può riuscire a percepire, ribaltando la situazione, quanto quella violenza metta in luce il proprio essere intessuti di sacro. Per fare questo serve includere la violenza e la sua ferita. Occorre divenire più vasti di prima, più aperti verso il mondo e anche più rispettosi della propria e dell'altrui persona. Allora il sacro si ricostituisce ed è possibile sentirsi sacri e inviolabili, non perché si tiene un certo comportamento, ma sacri per vastità, per inafferrabilità. Proprio mentre la violenza colpisce rivela il sacro. La storia di Cristo rappresenta proprio questo. Il mio e l'altrui essere sacri, proprio mentre viene violato, si rivela. Invitto e invincibile il sacro regna nel mondo e nelle persone a dispetto della violenza. Questo è riconoscere la santità dei corpi e la sua presenza religiosamente rivoluzionaria rispetto al potere che vuole instaurare delle differenze di valore tra le persone.

Ogni corpo è un altare dove lanciare le nostre preghiere fatte di cura e amore.

Usare i corpi. Prostituzione e altri abusi

Centro
di Ascolto

Uomini
Maltrattanti

Spesso si sente criticare l'abuso compiuto ai danni di una persona, ma se ci pensi lettore, sentirsi anche semplicemente usati da una persona in termini psicologici non è una bella sensazione. Eppure gli uomini ritengono lecito usare i corpi delle donne per il proprio piacere. Questo io preferisco chiamarlo abuso sessuale. Spesso si giustifica il proprio desiderio di abusare di una donna, o anche di un uomo, affermando che lei è una adulta consenziente. Insomma il fatto che la persona si sottoponga autonomamente al nostro abuso ne diventa la giustificazione.

In realtà sappiamo benissimo che molti, ma sicuramente tutti gli uomini che sono passati per il nostro centro di ascolto per autori di violenza, si giustificano delle violenze compiute e da loro stessi riconosciute come violenze, dicendo che in quel momento non erano consapevoli, anche quando le violenze sono durate per anni. Eppure si ostinano, per proprio tornaconto emotivo, quando si tratta di comprare una donna per farci sesso, a pensare che la donna sia sicuramente *sempre* consapevole.
La realtà innegabile invece è che quando si dà il consenso la prima volta non si può sapere se mi piacerà o meno. Il caso della prostituzione è lampante: non posso sapere iniziando a prostituirmi quali possibili cose mi possono accadere fino a quando non mi sono accadute e, allora, è già troppo tardi e dovrò solo fare i conti con quanto mi è accaduto.

Centro
di Ascolto

Uomini
Maltrattanti

Per giustificare le violenze sessuali che esercitano su donne che comprano, gli uomini dimenticano che loro stessi, probabilmente solo 10 anni prima, tenevano comportamenti o pensieri di cui oggi persino si vergognano.

Pensare che una donna che io compro per soddisfare i miei desideri possa comprendere e anticipare i miei desideri, in questo contesto confuso, significa che questi devono essere stereotipati, quindi ripetibili. Inoltre, significa che, data la confusione nella testa di colui che paga, colei o colui che viene pagato/a debba saper distinguere i desideri effettivi del pagante, da quelli che egli percepisce come propri desideri, ma che in realtà il più delle volte non sa nemmeno se sono veramente suoi o li ha assimilati per condizionamento sociale. A questo punto mi sembra eccessivo anche per la persona più sensibile e intelligente di questo mondo fare tale distinzione. Che poi magari va a finire che passa qualche anno e il pagante si rende conto che è fortemente contrario a quei desideri che ha a lungo cercato di realizzare.

Molti sostengono che occorre svincolare la prostituzione dai condizionamenti della morale e che le donne sono libere di vendersi, e va bene, ma non mi sembra che la nostra morale ci dica che sia bello acquistare esseri umani per il proprio piacere sessuale. Invitereste a cena colui o quei 500 che hanno comprato vostra figlia? Infatti questo è il rapporto numerico che approssimativamente è stato calcolato c'è tra clienti e donne comprate in Italia. Se comprano vostra moglie, vostro marito, vostra madre, va

Centro
di Ascolto

Uomini
Maltrattanti

bene comunque? In realtà il piacere sessuale non è né un diritto né un dovere. Si tratta di una cosa che accade quando due persone si incontrano e desiderano fare sesso. Non esiste il piacere e l'incontro sessuale staccati uno dall'altro, esiste invece il desiderio che spinge all'incontro, da cui si può generare più o meno piacere. Quindi chi paga per lo più paga per il piacere di possedere quella persona.

Pensate a quanto è fastidioso essere invasi nel proprio spazio personale. Perché per le donne che compro non dovrebbe essere così? Se uno puzza fa nausea anche se paga molto!

Quante prostitute vengono fatte ammalare dagli uomini per le malattie derivate dall'abuso subito in seguito a rapporti sessuali? Uno studio irlandese ha riscontrato che il 38% delle donne che sono state prostituite aveva tentato il suicidio. Si parla di traumi derivanti da rapporti sessuali quindi forse puoi pensare, almeno per un attimo, come può essere la vita di una donna stuprata tutti i giorni più volte. Quanto odio maturerà verso gli uomini?
La realtà è che in questo momento, a pochi metri da casa tua o lettore, ci sono molte donne schiave soggette a tratta che vengono stuprate 10/15 volte al giorno e nessuno sta dicendo niente. Non senti nessun telegiornale darne notizia. Nessun giornale ne scrive. Che gli uomini imparino a stuprare pare piaccia a tutti, tranne poi lamentarsene quando capita alle persone che ci sono care di subirne le conseguenze. Per poi dire a gran voce che "non capiscono come è possibile che succedano cose del genere!" e che queste persone vanno messe in carcere. Se

Centro
di Ascolto

Uomini
Maltrattanti

lo facessimo veramente svuoteremmo interi quartieri delle nostre città di uomini, quartieri che dovremmo trasformare in carceri per contenerli tutti.

Guarda il film "Mia" del regista Ivano De Matteo (2023) per renderti conto, se già non li conosci, degli effetti emotivi devastanti di uno stupro sulla persona che lo subisce e su chi le sta attorno.

Soluzione: renditi conto che quanto dico è innegabile. Rifletti attentamente se mai può esistere una alternativa realistica a quanto sto per scrivere. Per essere consapevoli di qualcosa, questa deve essere già avvenuta, altrimenti ancora non esiste e, quindi, noi, le nostre partner e i nostri figli possiamo divenirne consapevoli solo dopo che le cose sono accadute. Non puoi controllare nulla in anticipo. Il controllo che pensi di avere su di te o sugli altri è illusorio. Più che controllo è sempre un verifica a posteriori. Pensa a chi va volontario in guerra e poi torna traumatizzato; essere andato volontariamente verso la violenza non lo salva dalla violenza stessa e dai suoi effetti. Anche il solo pensare che sia lecito sfruttare una donna pagandola per provare piacere è violenza. Senza contare che sviluppi pensieri aggressivi, umilianti, rabbiosi e controllanti, e quando tornerai a casa ti giudicherai male e finirai per sentirti sbagliato e ancora più solo. Certo tenere sotto il tuo corpo ansimante una donna che ti odia o ti disprezza nel profondo del suo cuore non può che contagiarti in senso negativo. Mi vengono i brividi al pensiero che tu abbia fatto o possa fare questo errore.

Centro
di Ascolto

Uomini
Maltrattanti

Guardare in faccia alla dura realtà del desiderio violento degli uomini.

Non dimenticare che molti uomini vanno esplicitamente alla ricerca di "paradisi" sessuali dove stuprano minorenni giustificandosi col fatto che pagandole fanno loro del bene perché sono povere e le aiutano a sopravvivere. Pensa, più sono piccole e più le pagano. Se sono vergini valgono di più sul mercato. Altro che paradisi artificiali! Sono "inferni" artificiali dove ha cittadinanza il desiderio di violare. Quanto questo desiderio di infangare l'altra o l'altro è dentro di te? Se in te non è presente ne sono felice, ma guarda bene. Io purtroppo ad un certo momento della mia vita l'ho riconosciuto dentro di me.

Armati del coraggio e guarda il documentario *"Vi ho amati tanto"* di Silvestro Montanaro (2012). Lo trovi a questo link: https://www.rai.it/dl/portali/site/puntata/ContentItem-700b57cc-e8b8-47e1-91e8-6dd6c5e402a8.html o su youtube.

Tollerare che un essere umano sia degradato in maniera tale che il suo corpo può essere comprato significa deumanizzare quella persona. Non sarebbe così in una società dove tutti hanno lo stesso prezzo e tutti potessero accedere al corpo dell'altro a piacimento perché tutti sono a disposizione dell'altro. Ma veramente vorresti essere posseduto dalla nonna dell'appartamento accanto secondo i desideri di lei? Ora sai quello che devi fare.

Il Sex Defender chiarisce il rapporto con la partner

Stiamo dicendo che molti desideri non sono da inseguire a cuor leggero. Anzi occorre analizzare con precisione i propri desideri. Cosa desidero quando voglio costruire una famiglia includendo in maniera implicita, ovvero senza mai parlarne con chiarezza, la fedeltà tra me e la mia partner? Quasi mai nessuno chiarisce cosa si intende per fedeltà ma ognuno ha le idee chiare quando gli sembra che il partner non la rispetti. Flirtare con la collega o il collega in ufficio è già tradire? Ovviamente il più delle volte se lo facciamo noi no, ma se lo fa lei non ci sembra proprio corretto. Ti devo avvertire se mi sto innamorando di un'altra persona o se semplicemente mi sto vedendo? Sì o no? In quale momento ti devo avvertire che il mio interesse è tramutato in qualcosa di più di una amicizia?

Esercizio: interroga i tuoi desideri e cogline le contraddizioni, le cattive intenzioni, gli aspetti poco chiari e metti per iscritto, le sensazioni, le emozioni e i sentimenti che si sono presentati indesiderati mentre inseguivi un desiderio.

Soluzione: ormai lettore hai capito che i maschi non sanno riconoscere i propri sentimenti, ma pretendono che la partner li abbia sempre chiari. Quando ti sei un minimo chiarito pensieri, desideri e intenzioni, se resta confusione in te, devi concedere che la stessa confusione sia presente anche nella vita della tua compagna e degli altri che ti

stanno attorno. Solo essendo consapevole del tuo non sapere, avrai un approccio realistico alle relazioni!

Attenzione a non fare confusione: servono due forze contemporaneamente. Per un verso occorre analizzare i propri desideri e verificarne la bontà per te e per la società, di contro è importante che impari a rispettare i tuoi desideri.

Si tratta di un duplice coraggio: sia di sottoporre a critica i desideri che di seguirli e abbandonarti ad essi con consapevolezza; quindi quando incontri una persona che ti piace occorre imparare a seguire quel desiderio, spurgato della violenza che lo nutre e giocarlo a dispetto delle convenienze e di ciò che la società ritiene giusto se, a ben guardare, non è per niente un giudizio corretto. Altrimenti rischi di arrabbiarti con la società che ti limita e finire con lo sfogare questa rabbia sulle tue partner compiendo una doppia ingiustizia: anche le tue partner, come te, sono limitate da una società in cui devono vivere scendendo spesso a compromessi.

Sulla pornografia

Cosa accade in un video pornografico? Assistiamo a una rappresentazione dove una o più persone decidono e conducono nei modi e nei tempi quali atti sessuali una o più persone devono compiere. Praticamente non sono mai rapporti alla pari dove assistiamo a uno scambio di iniziativa tra i partecipanti. Queste persone sono o

chiaramente obbligate o fingono di avere liberamente
scelto cosa fare o partecipano volontariamente all'atto. Noi
non le vediamo, ma sappiamo che ci sono anche delle
persone che riprendono, fotografano o assistono per fare la
regia della scena e che, necessariamente, controllano cosa
accade nella rappresentazione.

Ovviamente queste persone decidono e controllano quali
parti anatomiche siano messe in mostra e come deve
avvenire la scena perché si ottenga l'effetto desiderato. Poi
sappiamo che ci sono persone che postano, pubblicano e
lucrano su quei video (sempre che non si tratti di *revenge
porn*, perché questo rientra tranquillamente nel novero
delle violenze).

Infine ci sei tu lettore, che guardi il video, decidi cosa
guardare e per quanto tempo, controllando il tutto con la
tua tastiera. Si tratta di una catena del controllo. Sappiamo
che almeno dall'età di 11 tutti i ragazzi hanno già assistito a
scene pornografiche. Questi ragazzi precocemente
imparano a normalizzare il controllo dei corpi e dei
sentimenti. Ma imparano molto di più. Apprendono a
connettere l'eccitazione al controllo. Così che finiranno per
identificare la sessualità con il controllo o con l'essere
controllati. Questo è accaduto anche a me caro lettore, che
ho finito per avere la necessità di controllare le mie
partner perché in me nascesse l'eccitazione. Le prime volte
in cui facevo l'amore avevo sempre grosse difficoltà ad
avere una erezione, ma mano a mano che scoprivo che
avrei potuto controllare la ragazza con cui facevo sesso,
allora non avevo più alcun problema. Le mie fantasie

erotiche finivano per coincidere con quello che decidevo di rappresentare con le mie partner in carne ed ossa.

Inoltre queste fantasie ovviamente le copiavo dalla pornografia, tanto che se anche non la utilizzavo perché preferivo la sessualità reale, esse erano ormai mie tristi compagne di vita.

Pornografia come educazione

In sostanza la pornografia diviene educazione per tutta la società. A poco a poco, ma velocemente, i costumi, i modi di comportarsi dei protagonisti dei video divengono i modi usati nella vita quotidiana dalle persone. Donne abbigliate come un tempo si permettevano solo le prostitute, i video musicali sono spesso rappresentazioni pornografiche solamente con un poco più di vestiti addosso, uomini che si depilano come gli attori porno, la vendita di strumenti di limitazione della libertà che aumenta sempre più (corde, manette, fruste, ecc...), pubblicità violente e degradanti il corpo della donna, la sessualità come obbligo sociale per i giovani che si sentono adeguati solo se capaci di agire i ruoli a loro destinati nella sessualità pornografica, abusi sul lavoro quando gli uomini confondo la realtà con la finzione di video porno che incitano agli abusi sul lavoro, pedofilia, ecc...

Non dimentichiamo che nella pornografia si assistono a vere e proprie torture e violenze. Niente di finto. Mi risulta incomprensibile come esistano persone che si

scandalizzano per una parola inappropriata, ma su questo imperversare della pornografia riescono a tacere. Si dice che il patriarcato è in crisi, ma in realtà sta sviluppando il suo potere in forme ben più potenti delle precedenti, anche se più sotterranee, ma non meno influenti sulle coscienze.

Soluzione: in una prima fase di recupero della normalità, guarda la pornografia in maniera precisa e attenta, senza farti ottenebrare dall'eccitazione. Cosa fa l'uomo, cosa fa la donna, riconosci la recitazione finta, il finto desiderio, il rancore degli uomini, le rappresentazioni da padrone assoluto, il bisogno di essere umiliati. Se inizierai a vedere le scene pornografiche come fosse la prima volta, diverrai consapevole che, oltre il piacere che ti dai, questi video producono nella tua mente anche altri effetti indesiderati: sono deprimenti, aberranti, tristi, violenti, stupidi, inutili e ripetitivi. Solo allora potrai piano piano iniziare a farne a meno.

Soluzione: quando ti viene voglia di usare la pornografia porta l'attenzione a cosa sta accadendo nel tuo *corpomente*. Sicuramente saranno presenti una sensazione di frustrazione a cui vuoi porre rimedio o una sensazione di sovrabbondanza energetica che intendi scaricare. Se è il primo caso individua con precisione cosa sta creando la frustrazione. Cerca di isolare questo evento che ti sta preoccupando e di osservare che masturbarti non risolverà quel problema, ti aiuterà solo a rimuoverlo.

Centro
di Ascolto

Uomini
Maltrattanti

Se si tratta invece dell'altro caso, devi sapere che non solo gli eventi negativi comportano una difficoltà, anche il ritrovarsi con troppa energia, anche se positiva, può dare una sensazione di instabilità se non si è abituati a gestirla. Impara a contenere questa energia e scoprirai i vantaggi in termini di maggior buon umore, maggiore vitalità e grande lucidità. Ti sentirai bene come non ti sei mai sentito.

Perché si deve smettere di guardare la pornografia:
La pornografia abbassa l'autostima degli uomini.
Porta rabbia e violenza nelle fantasie intime.
Non è il sogno d'infanzia di nessun ragazzino, nessuno ha quelle immagini e quei desideri nella testa prima di vedere un porno.
Convince le persone che esistono gerarchie di valore tra i diversi generi e tra le persone.
Vi si agisce violenza come se fosse una cosa lecita e naturale.
Sviluppa ossessione esclusivamente per la penetrazione, non si interessa al petting e di tutto quanto è normalmente eccitante, baci, carezze, sguardi, abbracci.
Abitua a fare sesso in pose artefatte, il porno lo fa per permettere la visione del dettaglio della penetrazione o di altri particolari anatomici.
Manca una narrazione romantica come sognerebbe un qualsiasi ragazzo prima di avere visto un porno.
Le immagini di donne violate sommergono la tua fantasia tanto che probabilmente non sei più capace di pensare creativamente come potrebbe avvenire il tuo incontro con una donna, senza utilizzo di violenza.

Centro
di Ascolto

Uomini
Maltrattanti

Ignora particolari nella realtà molto importanti nei rapporti sessuali: la bellezza del luogo dove è avvenuto, come è avvenuto tra voi due quella volta di tanti anni fa; dopo aver visto il porno è importante che avvenga e mai si pensa al come e al dove.

Genera dipendenza.

Insegna che come uomo sei valutato per come fai sesso e non anche per altre qualità.

I ragazzi diventano incapaci di sviluppare le altre qualità necessarie in una relazione normale, ovvero essere attenti al partner, premurosi, con movimenti coordinati, gentili, passionali.

Le ragazze imparano che per valere nei rapporti devi comportarti come una prostituta, come una donna rappresentata nei porno.

Abitua alla normalità di essere filmati o filmare le situazioni di intimità; sappiamo che poi a pagare il prezzo sono le ragazze che vengono perseguitate per questo da tutta la società, un rischio che gli uomini non corrono perché siamo in una società che critica solo i comportamenti delle donne.

Ha abituato le ragazze a vendersi su alcuni social: per 30 euro si mostrano volontariamente mentre si masturbano o in altre situazioni intime e chiunque paghi può vedere quel video o quell'immagine.

Per una donna che ha un contratto regolare con un produttore, nell'industria del porno ce ne sono centinaia che vengono sfruttate dal porno, che finiscono per avere problemi psichiatrici, si suicidano, vivono ai margini prostituendosi, prendono malattie sessuali, vengono uccise da un protettore o dal fidanzato, usano droghe.

Centro
di Ascolto

Uomini
Maltrattanti

Ogni volta che io guardo il porno incremento la domanda
di prostituzione per produrre video: se guardo un video
con una ragazzina asiatica qualcuno cercherà di filmare
ragazzine asiatiche, se guardo donne legate qualcuno
adescherà donne per girare un video con donne legate e
così via.

Ormai se esco con amici molto probabilmente sarò seduto
a tavola con un uomo che è andato con una prostituta o
con una ragazza che lo è diventata in maniera non
dichiarata.

Soluzione: attento lettore che la pornografia genera un
processo di oggettivazione e auto-oggettivazione,
attraverso la progressiva adozione della prospettiva
dell'osservatore. Quando guardo la pornografia mi abituo
a fare mio questo sguardo. Questo mi induce a trattare me
stesso come una cosa, ad auto sorvegliarmi a dare molta
importanza a come sono esteriormente e meno a come
sono interiormente.

Occorre stare attenti a quale cibo metti nella tua mente,
perché ciò che guarderai condiziona i tuoi pensieri.
Quando guardavo partite di calcio sognavo di esser un
calciatore, anche se non ne ho mai avuto le capacità.
Quando guardo una serie televisiva il mio pensiero
durante la giornata torna su quello che sta accadendo nella
serie. Le immagini, le letture, le persone che frequento
sono cibo che poi la mente assimila e riproduce.

Centro
di Ascolto

Uomini
Maltrattanti

Avremmo in realtà bisogno di video con due persone in una stanza che si scambiano emozioni e sensazioni in sicurezza, perché le persone imparino a divertirsi assieme. Il porno sta creando una mutazione culturale della sessualità. È una questione drammatica. Tu lettore parlane il più possibile perché questa tragedia almeno esca dal silenzio in cui la teniamo.

Vedere il film di Steve McQueen, *Shame* (2011) Il destino dell'uomo che punta tutto sulla sessualità.

Sadismo e masochismo

Oggi è molto diffuso fare esperienze sessuali utilizzando pratiche dove uno dei due partner (o in più di due) gioca un ruolo di sudditanza e l'altro si finge padrone. Andiamo a dare uno sguardo più da vicino a cosa accade in queste dinamiche e cerchiamo di capire quali sono le ragioni del loro diffondersi.

Chi fa sesso in maniera masochista viene sottoposto a umiliazioni, a limitazioni della libertà e a piccole o grandi torture dolorose prima di provare piacere o per provare piacere. In sostanza gode di un costante stato di attesa e sospensione. Questa attesa è scambiata per ricerca del piacere attraverso il dolore. Quest'ultimo sembra far precipitare la presenza di ciò che si dice di attendere. In sostanza il masochista attende un piacere ritardandolo. Rinvia il piacere, affinché un dolore, anch'esso atteso, lo renda infine possibile. Momenti persi, senza alcuna

riserva, nei tratti di un piacere che ha lasciato ogni forma di dignità e responsabilità.

Il sadico sogna di essere uno con la vittima per essere onnipotente. Perciò non desidera instaurare una relazione. L'irrealizzabilità di questo lo costringe a ripetere senza fine questa rappresentazione in cui assoggetta e travalica i confini di ciò che è normalmente consentito di fare con le persone. Il sadico stabilisce confini. Vive una assenza nella relazione con l'individuo e col mondo, poiché confonde la mancanza di potere con la perdita dell'oggetto d'amore. Quest'ultimo non è perso, è semplicemente inappropriabile. Il sadico pensa che l'altro non sia niente di più di uno strumento di piacere: per credere di incontrare una persona e non un semplice oggetto sessuale, dovrebbe interessarsi al mondo intimo, conoscerne i valori e la storia.

Appropiare e farsi appropiare sono due posizioni fantasmatiche messe in scena come fossero reali. Il sadico sogna di non esserlo mentre lo agisce. In realtà vuole l'abbandono, l'adesione dell'altro/a. Diciamo che insegue l'altro/a allontanandolo/a. Un esercizio che è sfinente nella sua irrealizzabilità. Mentre il/la masochista sogna il mantenimento di un legame, di un affetto intanto che viene umiliato/a. Entrambe le figure cadono nel rovescio di quello che desiderano. Sono talmente speculari che sadismo e masochismo possono alternarsi nella stessa persona in momenti diversi.

Centro
di Ascolto

Uomini
Maltrattanti

Soluzione: la posizione sado-masochista è figlia della nostra società. Chi fa violenza ne incolpa chi la subisce e chi la subisce delega la responsabilità di quanto accade a chi la compie, lasciando che sia compiuta. È la stasi sociale che stiamo vivendo ai giorni nostri. Quello che si realizza è una avversione ad operare associata all'idea di tedio e a quella di neghittosità. In una parola un poco desueta parliamo di Accidia, che nella tradizionale morale cattolica era considerata tra i sette vizi o peccati capitali: la negligenza nell'esercizio della virtù necessaria alla santificazione dell'anima.

Lettore produci attivamente il cambiamento che desideri, o come diceva Gandhi, sii tu il cambiamento che vorresti vedere nel mondo. Ci hanno iniettato una sorta di virus culturale che connette il piacere, all'inedia, all'agire e subire violenza. Serve uno slancio consapevole di bellezza che scacci questo orrore, ma sappi che l'orrore per questo stato di auto-schiavitù deve apparire ai tuoi occhi e la bellezza uscire dalle tue azioni.

Fare ordine tra cosa è violenza e cosa no

Quando vado al cinema purtroppo devo sopportare i trailer di film che non vedrei mai. In pochi minuti, sono bombardato da una rappresentazione concentrata di violenze maschili: spari, esplosioni, urla rabbiose, affermazioni della propria potenza, torture, omicidi, sfide, aggressioni, lotte furibonde, urla di terrore, esplosioni, il tutto presentato da una voce fuori campo che ha lo stesso

Centro
di Ascolto

Uomini
Maltrattanti

tono di chi offre una serie di piatti prelibati, uno dopo l'altro, l'uno più appetibile dell'altro. Insomma, è la violenza venduta come bella e interessante, ma io, di fronte a quelle sequenze, provo solo fastidio, senso di vomito, sentimento di impotenza e infine rabbia, tutto, appunto, nel giro di pochi minuti.

Giungo a pensare che questo genere di film dovrebbe essere proibito in un mondo sano. Sicuramente, vorrei non essere costretto a vederli anche solo in forma di trailer e mi piacerebbe che tale diritto fosse riconosciuto e salvaguardato, ecco perché mi auspicherei una riflessione su questa forma di pubblicità che, peraltro, può risultare anche più dannosa rispetto a quella consueta, considerati i contenuti o i messaggi veicolati attraverso le immagini, soprattutto se vengono proposti senza alcun filtro anche ai minori. Il pensiero inquietante che in tali occasioni mi assale riguarda anche l'altro mio simile, perché penso che se un uomo riesce ad accettare la rappresentazione di tali violenze in un film, forse, può sopportare anche di vederle agite nella realtà, su un essere concreto, purché ritenga ci sia una *giusta causa*.

Gli uomini sono molto bravi a trovare cause a cui immolarsi e in nome delle quali far soffrire: da quelle rivendicate per avere più diritti, ottenere giustizia, ripristinare l'ordine, a quelle sbandierate per raggiungere il potere, la gloria, la notorietà, alle altre urlate, ancor più banali ma altrettanto comuni, per sostenere una squadra di calcio. C'è sempre una causa per cui vale la pena fare violenza a qualcun altro/a. Fin troppo facile è interpretare

le motivazioni degli altri come non valide, perché le proprie sono ritenute supportate da giustificazioni così profonde, dunque, inattaccabili che non necessitano di alcuna verifica. Eppure, quando qualcuno cerca di approfondirne le ragioni, chi sa perché si cade in difficoltà, si prova imbarazzo e per sospendere ogni indagine ritenuta intrusiva, si grida alla violenza. Penso alle volte in cui le donne cercano di capire cosa sta accadendo e sono accusate di essere violente proprio dall'uomo che fa loro violenza!

Siamo immersi nella violenza: la agiamo, la subiamo, vi assistiamo, tanto che anche quando non ve n'è traccia, siamo comunque paralizzati dalla paura.

Soluzione: da dove iniziare per abbandonare questo senso di paura e di precarietà che ci predispone a reazioni esagerate, come riuscire a fermare i poteri, più o meno occulti, che sfruttano e alimentano le fragilità e le incertezze a beneficio dei loro interessi, che destrutturano i veri significati e ruoli degli ambiti sociali, imponendo falsi ed inappropriati contenuti?
Ogni evento violento è in sé contemporaneamente causa ed effetto di violenza: effetto, quando andiamo a rintracciare nel passato le ragioni della violenza manifesta, causa, quando sentiamo di muoverci in seguito ad essa.
Molto raramente viene percepita come un problema in sé, ovvero, come qualcosa che non va bene e basta. Il fenomeno violento isolato e sganciato dal contesto.
Pensate ad una scena cruenta che vi appare all'improvviso:

Centro
di Ascolto

Uomini
Maltrattanti

un morto riverso sulla strada dopo un incidente. Allora una violenza ci appare indigeribile, orripilante.

Provate a guardare una scena violenta nel flusso del film dall'inizio alla fine e poi il giorno dopo guardatela isolata. Guadare tagliando i nessi porta automaticamente al rifiuto della violenza, perché la violenza è in sé un valore negativo. Il che significa che se ci approcciamo in maniera intuitiva, mettendo tra parentesi le costruzioni culturali che tendono a giustificarla, la violenza risulta qualcosa da cui rifuggiamo istintivamente. Solo allora, ad una ad una, cadono le conclusioni che abbiamo tratto sulle situazioni, che ci apparivano come giustificazioni convincenti e restiamo senza niente a cui aggrapparci: o siamo violenti o nonviolenti.

Da questa base sicura è possibile far partire una nuova cultura maschile e una identità che riconosce le proprie spinte fondanti, quindi meno artificialmente costruita ed ansiosa di affermarsi.

Il Sex Defender quando è genitore o educatore.

Oggi i ragazzi vengono valutati per quanto riusciranno nella vita. Vengono educati ad essere dei combattenti in un mondo cattivo ed ostile e a valutare tutto secondo un'ottica utilitarista. Se a scuola non vai bene è un fallimento della vita tutta intera, non sei solo uno che va male a scuola. I primi a crederlo sono gli adulti perché hanno una enorme paura del futuro. Eppure educatori, genitori, professori insistono nello spingere i figli verso un futuro che loro

stessi temono. Un futuro che i giovani non vogliono perché sanno che sarà uguale al presente dei genitori che sentono esprimere continua insoddisfazione per la propria vita. Gli adulti vengono convinti ad accettare il presente mediante lo stipendio, che risulta avere la stessa funzione della famosa carota messa davanti al volto dell'asino per farlo camminare. Allo stesso modo gli adulti utilizzano la valutazione scolastica per tenere i giovani sulla stessa strada, probabilmente sbagliata.

Viviamo in una società dove il sentirsi minacciati è la norma. Tutti quelli che hanno voluto informarsi sanno che il comportamento mafioso, l'atteggiamento malavitoso è presente in molti ambiti dove si amministra il potere. I film e le serie che ci vengono proposte inneggiano sempre più spesso ai comportamenti criminali, strizzano l'occhio ai comportamenti violenti come a comportamenti vincenti o affascinanti; la musica che ascoltano i ragazzi è omofoba, maschilista, quando non direttamente violenta. Cresciamo persone, soprattutto maschi, competitivi che inevitabilmente daranno vita ad un mondo simile al nostro, dove non c'è posto per tutti, dove bisogna dare spallate per farsi largo. Il messaggio trasmesso incita solo ad essere efficienti, non sensibili. Rispetto alla massa di stimoli maschilisti a cui siamo soggetti risultano ridicoli e farseschi gli appelli "da 8 marzo" in cui si invita alla parità tra donne e uomini.

Soluzione: il genitore *Sex Defender* riconosce il parziale fallimento della sua generazione e non si pone come

esempio di carriera, ma solo come esempio di coerenza, per quanto è riuscito ad essere tale.

Ascoltare la canzone di Giorgio Gaber, *Non insegnate ai bambini* (2003) una sorta di suo testamento morale alle generazioni successive.

Normalmente i genitori sanno dare solo due risposte quando il figlio torna a casa da scuola e racconta loro di avere subito violenza:
1) Restituiscigliela! Incitando così anche il proprio figlio alla violenza e insegnandoli che è un lecito strumento di difesa.
2) Ignoralo! Insegnandogli l'accettazione dell'umiliazione come una adeguata modalità di stare al mondo.

Soluzione: in un caso simile il genitore *Sex Defender* scende in campo accanto al figlio con metodi nonviolenti e pretende il rispetto della dignità fisica e psichica del proprio figlio o figlia da tutte le persone coinvolte. Trasmette in prima battuta il senso di inaccettabilità della violenza, chiede che i professori si attivino o cedano il posto ad altri più capaci a tutelare le persone, pretende che il dirigente scolastico prenda provvedimenti e chiama ad intervenire le forze dell'ordine se non si sono trovate soluzioni adeguate. Il tutto in accordo con il figlio di modo da non metterlo in situazioni ancora più pesanti psicologicamente o ancora più pericolose.

Il genitore *Sex Defender* deve fidarsi del figlio e del coraggio che ha avuto a parlargliene. Il *genitore Sex Defender* non è mai colluso con la violenza anche quando è il proprio figlio a compierla. Deve sempre interrogare il figlio/la figlia sulle ragioni che lo/la hanno spinto/a alla violenza, ascoltandolo veramente, senza in alcun modo interromperlo e credendogli anche quando le motivazioni gli sembrano strane. Poi si confronterà con il figlio rispetto alla coerenza delle sue motivazioni, ma lasciando al figlio le scelte definitive. In seguito il genitore si interrogherà se può essere dipeso da modalità educative da lui stesse messe in atto.

Nel nostro centro di ascolto non ci interessiamo del trito e inutile modello di intervento che utilizzano psicologi ed educatori che esortano i genitori a "non essere nè autoritario, ma nemmeno amico/a del figlio". Quale sia la terza via purtroppo io non l'ho ancora capito. Noi preferiamo invitare i genitori ad essere attenti, rispettosi e riflessivi. In sintesi cosa secondo noi si deve fare?
1) Trattare i figli come tratteremmo degli adulti. Spesso si confonde l'inesperienza con il rimbambimento, con l'incapacità o con una minore intelligenza. Questo porta i genitori a mettere in campo comportamenti educativi che nessun adulto accetterebbe da un suo pari. I tuoi figli, caro lettore, hanno bisogno fin da subito di apprendere come ci si comporta tra adulti, questo non significa non rispettare il tempo del gioco e tutti i bisogni del bambino. Perciò specifico che non sto dicendo di

    trattarlo da adulto, bensì con le stesse attenzioni che riservo a un adulto.

2) Ragionare con i figli sulle motivazioni delle proprie scelte e condividerle con loro anche quando le si impone.

3) Cercare di non fare differenze nei diritti tra maschi e femmine, ma accettarne le diverse modalità espressive.

4) Creare spazi dove i fratelli e le sorelle, o tra coetanei, quando sorge un conflitto possano confrontarsi e risolvere autonomamente i conflitti, magari con la vostra supervisione.

5) Non usare mai la violenza fisica o psicologica ma se dovesse capitare:
   - ✓ Prendere l'iniziativa di parlarne;
   - ✓ Prendere la piena responsabilità dell'accaduto (atteggiamento corretto: è stata colpa mia non avrei dovuto farlo. Atteggiamento scorretto: devi capire che se ti comporti così io mi arrabbio);
   - ✓ Accogliere e comprendere le reazioni del figlio di spavento o rabbia e confermare la coerenza di quello che sta vivendo;
   - ✓ Portare questa modalità di nominazione della violenza in famiglia per aumentare il senso di incolumità e sicurezza.

Per fare questo con i figli in maniera consapevole occorre impegnarsi a far pace con i propri genitori.

Spesso occorre fare i conti con loro raccontando la nostra verità e sofferenza nel rapporto con loro. Di grande

Centro
di Ascolto

Uomini
Maltrattanti

importanza mentre si procede in questa maniera è accogliere la loro versione dei fatti. Probabilmente ti stupirà scoprire che non si sono accorti che ti ferivano o che non se ne ricordano nemmeno o che non considerano il loro impegno verso di te, lettore, in maniera negativa. Accogliendo queste risposte ti renderai conto che il tuo eventuale rancore verso i genitori, se presente, ha per oggetto qualcuno che non può capirlo. Inizierai a comprendere che la base della violenza è l'ignoranza e non la cattiveria. Che per combattere la violenza serve ridurre l'ignoranza. Dialoga, parla, informa, discuti, esprimi i tuoi dubbi fino a chiarirti e a chiarirli agli altri. Questa è l'unica soluzione.

Esercizio: scrivere un elenco delle qualità positive dei tuoi genitori (funziona anche nel caso che siano morti) o della tua compagna. Chiediti mentre fai l'esercizio se sai riconoscere le qualità positive degli altri.

Non occorre essere forti per affrontare il fascismo nelle sue forme pazzesche e ridicole: occorre essere fortissimi per affrontare il fascismo come normalità, come codificazione, direi allegra, mondana, socialmente eletta, del fondo brutalmente egoista di una società

Pier Paolo Pasolini

Rifugiarsi nei miti del passato

Esite, soprattutto nella cultura con cui i maschi si formano in quanto maschi, il bisogno di una ripresa dei miti antichi. Esiste il bisogno di una identificazione simbolica,

si sente la necessità di mettersi al riparo di una coscienza mitica. Infatti il crollo dei valori che soprattutto il '900 ha portato con sé, ha lasciato il maschio nudo.

La tendenza allora è rifugiarsi nelle ideologie e nei mondi simbolici che conservano la differenza tra uomini e tra uomini e donne. In queste epoche si sogna esistessero più certezze di quelle che attualmente disponiamo riguardo al nostro vivere sociale. Anche oggi le ideologie forniscono questo tipo di rifugio. E' il caso del fascismo o delle variabili dittatoriali del comunismo o del capitalismo invasore. Tutte queste si pongono come un mito vivente. Il fascismo lo fa attraverso l'affermazione nuda e perentoria della propria forza. La forza, e quindi la violenza, si fa mito presente. Il comunismo lo fa mitizzando il popolo come buono e giusto, per consentire di sentirsi legittimi portatori del bene e giustizia originaria che, in quanto tale, è autorizzata a fare violenza verso chi è scettico rispetto al mito.

Mentre il capitalismo lo fa mitizzando il mercato e trasformando in una religione il denaro: infatti il denaro può avere valore solo se si ha fede in esso, qualora questa fede venisse meno il capitalismo crollerebbe in un attimo. La violenza del capitalismo quindi opera convincendo le persone della sua bontà mitica, piegando le coscienze e le diverse culture ad una ad una perché vi aderiscano; non a caso i colonialisti mandavano avanti esponenti religiosi perché tutti assumessero la fede come metodo di approccio alla realtà, ovviamente non una fede che trae nutrimento dalla propria interiorità, ma che deve fare

riferimento ad esperti esterni; in prima battuta i sacerdoti, poi le banche e gli imprenditori ricchi e, infine, il denaro stesso, oggi sempre più sganciato da ogni riferimento a beni reali.

Altro mito ancora molto utilizzato e quello della razza. La razza è stato ed è ancora uno dei miti più potenti e devastanti per l'essere umano. La razza non è solo un tipo esteriore, ma l'aspetto esteriore di un'anima determinata: un sogno che incontra i corpi, che si incarna.

Il mito è la potenza che raccoglie le forze di un individuo e/o di una società e, in maniera sotterranea, indirizza verso uno scopo. Il mito genera un sogno col quale posso identificarmi. Ma il mito, dicevo, regge fino a che io mi identifico in esso. Pensate a quanti sogni importanti avete avuto nel passato che, ora, non contano più niente per voi. Eppure sembravano così importanti, tanto che tutte le vostre energie andavano consumate per realizzare quel sogno.

Soluzione: smettere di credere a tutto quello che è mito, ovvero smettere di produrre racconti che simbolizzano una origine. Ne sono esempi la squadra di calcio che diviene personificazione della città anche se nessun calciatore assunto dalla società è nato in quel territorio; oppure le rievocazioni storiche in costume che idealizzano "i bei tempi passati". Ci si dimentica volentieri che si idealizza chi uccideva il nemico, torturava e bruciava le persone con cui non era d'accordo. Ci si traveste per potersi sentire più di se stessi: mi sento il Duca, un armigero del '500 o una

128

damigella. Ci si identifica con il mito, creato dai pittori pagati dai potenti del passato, proprio per ipostatizzare il loro potere. Oggi li si impersona per godere di una identità ritenuta certa. L'atto di fede fatto di gesti, parate, entusiasmo per le cerimonie, per i cori, sono lo scopo in sé. Senza alcuna mediazione divengono il fine e non un mezzo. Esprimono la volontà di distinguersi e differenziarsi. Atti perfetti che divengono incarnazione del sogno, della sua perfezione realizzata.

Solo il bisogno di essere critici verso il passato significa amare il mondo, stare con ciò che si rigenera, cavalcare le energie del passato con amore. Il resto è il tentativo di mettere in una bacheca il mondo, creare musei come ha fatto la borghesia. Oggi i grandi geni ce li immaginiamo dei vecchi saggi con la barba, perché questo vuole chi odia la vita, dimenticando che sono stati giovani rivoluzionari che hanno rotto col passato, che hanno sputato in faccia ai difensori della tradizione nel rispetto della verità.

La morte e il Sex Defender

Esercizio: la meditazione camminata. Questo è un esercizio che puoi fare in casa o in un percorso tranquillo anche all'aperto. Se lo fai in casa definisci sul pavimento gli angoli di un rettangolo con dello scotch colorato. Il perimetro di quel rettangolo sarà il circuito che dovrai compiere molte volte sempre nella stessa direzione. Prima di partire rilassa il corpo e soprattutto le spalle. Senti l'appoggio dei piedi al suolo. Cerca di percepire se i piedi

Centro
di Ascolto

Uomini
Maltrattanti

appoggiano in maniera equilibrata, Evita che siano troppo sbilanciati verso l'esterno o verso l'interno. Cerca di non caricare troppo il peso del corpo sull'avanpiede o sul tallone. Piega un poco le ginocchia e mantienile sempre piegate per tutto il tempo. Quando ti senti centrato inizia a camminare in maniera lentissima. Solleva un piede inspirando e facendo un breve passo. Solo quando il piede sta per toccare il suolo inizi ad espirare. Continua ad espirare per tutto il tempo che serve per traferire tutto il tuo peso sul piede avanzato. Nel frattempo il piede che resta dietro ha sollevato il tallone e appoggia sull'avanpiede, utile riferimento per non perdere l'equilibrio. Quando hai finito l'espirazione alzi l'altro piede per inoltrarti nel passo successivo che durerà tutto il tempo dell'inspirazione. E così via. Il ritmo della camminata si adatta al ritmo del respiro e non viveversa. Quando effettui una curva appoggerai il piede che avanza disegnando l'angolo a 90° che hai disegnato al suolo. Ricorda di tenere le ginocchia piegate e continua a tenere l'attenzione nell'addome 5 centimetri sotto l'ombelico. Fai questo esercizio nel silenzio per 30/60 minuti.

Venire a patti con la realtà dell'impermanenza di tutte le cose, te compreso, è una delle più importanti vie che ti permettono di trasformare la tua relazione con il morire e con la morte, ma soprattutto con la vita. Se realizzi che tutto quello che ami alla fine della vita andrà perduto, non avrai così paura di perderlo in vita e avrai meno paura di morire. Affrontare questa realtà ripulisce le tue passioni e annichilisce la tua aggressività. Occorre tu sia consapevole che inevitabilmente ti accadrà di ammalarti, invecchiare e

morire. Il prossimo minuto di vita in più non ti è garantito. Questa è la realtà. "Toccarsi" o fare le corna in manicra scaramantica non cambierà le cose. Mostra solo la tua superficialità. Devi far emergere questa paura sotterranea perché è su questa paura che cresce la rabbia, ed è sulla rabbia che si sviluppa la violenza. Più sei consapevole di cosa ti impaurisce, più "maneggerai" la paura e più ti sentirai sicuro. Soprattutto, se ti rendi conto che tutto quello che ti accade di positivo non ti è garantito e non è in nessun modo un diritto iscritto nella natura, capisci anche che puoi contare solo sulle tue azioni, che sono i tuoi atti a "fare" la tua vita. Accogliendo questa realtà darai sempre più importanza alle tue scelte e tenderai a valutare le conseguenze delle tue azioni con sempre più serietà. Spesso i maschi capiscono troppo tardi l'importanza di certe relazioni. Io, ad esempio, purtroppo ho compreso veramente l'importanza delle relazioni con i miei genitori solo in prossimità della loro morte.

Esercizio: siediti in un luogo tranquillo e ascolta il tuo respiro senza cercare di modificalo. Dopo 10 minuti in questo stato inizia a pensare che non sai per quanto tempo ancora vivrai e che sei certo che morirai. Ogni giorno non siamo certi di avere un domani. Immaginati vecchio e steso sul letto in punto di morte e chiediti cosa vorresti aver realizzato.

Una volta indentificato nella prospettiva della fine come vorresti ritrovarti ad essere, trasporta ad oggi questi bisogni e chiediti: Quali sono le mie priorità oggi? Cosa

voglio portare a compimento o abbandonare dato ciò che ho identificato in precedenza come prioritario?

Prima di uscire da questa meditazione pensa a come puoi creare subito delle opportunità perché le tue priorità si possano realizzare.

Impara ad "avanzare" mentre tutto è in mutamento e niente rimane. Se resisti ai cambiamenti che stanno avvenendo nella tua vita, sei un pessimista che cerca di controllare le esperienze perché teme il cambiamento. In una relazione questo atteggiamento si traduce ad esempio nell'avere vissuto un momento molto bello con la partner e desiderare di rivivere momenti simili, magari nella stessa identica maniera.

Tale aspettativa non consente alle nuove esperienze di sostituirsi alle precedenti. Il nuovo modo in cui la coppia vive la relazione, se confrontato con quello vecchio idealizzato, appare perdente. Il tentativo di ripristinare la vecchia modalità, sia che tu cerchi di realizzarlo cambiando partner, che sforzandoti di tornare al passato con la stessa partner, ti porterà ad esercitare violenza su te stesso e su chi ti circonda, in nome di un ritorno al passato impossibile. Si tratta di una autocondanna all'infelicità.

Soluzione: metti da parte le aspettative. Cavalca le onde del destino. Resta totalmente coinvolto nel presente negativo o positivo che esso sia. Le tue scelte non devono assumere più il ruolo principale del tuo mondo affettivo,

ma in primo piano porta il coraggio di accettare quello che accade, lasciando che il passato muoia.

Seconda meditazione: se sei stato capace di prendere in considerazione questa realtà prova in un altro momento ad approfondirla. Ascolta il tuo respiro per alcuni minuti. Considera che ad ogni azione e ad ogni respiro si sta avvicinando la morte. Chiediti: sto facendo quello che serve per prepararmi a morire? ha senso dare importanza ai conflitti che ho in corso? Sarebbe più coerente relazionarci gli uni con gli altri come se non ci fosse un domani?

Probabilmente hai lottato per avere beni e denaro, se così è chiediti come investirli avendo presente che non potrai portarli con te quando morirai?

Imparare a lasciare accadere le cose allinea al corso della vita. Potrai abbandonare le ostilità e sentirti sempre più in armonia con il mondo. Ogni giorno possiamo portare l'attenzione al nostro basso addome e accettare il nostro respiro così come avviene e dimorare in esso. Il *Sex Defender* coincide con l'esistente percependo le forze che lo attraversano per poi lasciarle andare. Non cercare di trattenerle ti farà avvertire che le tue forze arrivano in quantità e qualità adeguata ad affrontare ciò che accade e, forse, scoprirai il dono estremo di saper affrontare anche il passaggio della morte.

sConclusioni

Centro
di Ascolto

Uomini
Maltrattanti

Dividerci in buoni e cattivi non ci farà comprendere nulla, anzi farà continuare i conflitti. Serve invece reggere l'impatto a cui il mondo ci sottopone, ma è difficile reggere a un colpo a cui non si è preparati. Questo scritto intende prepararci a questa ristrutturazione morale. Dobbiamo avvicinarci pericolosamente al dolore, cogliere la vicinanza e le molteplici ambiguità tra bene e male. In ultimo accettare che il male è o è stato dentro di noi.

Un ultimo consiglio. Guarda ai cosiddetti nemici immaginandoli dei bambini piccoli. Ascolta come in te stesso resta in parte quel bambino che vuole giocare, imparare e affidarsi agli altri. Anche il "cattivo" o "l'insensibile" di turno possiedono questa parte. Quanta tenerezza può nascere se guardi con queste lenti! Mi raccomando, occorre sforzarsi di farlo più volte, fino a che qualcosa non cambia il tuo modo di guardare a chi ti sembrava così assolutamente cattivo, quasi l'incarnazione del male.

Sono passi difficili, ma altri li hanno già compiuti e ci hanno lasciato orme da seguire. Non ti resta, caro lettore, che iniziare a camminare per riconoscere i compagni di viaggio che sono partiti prima di te. Dovrai intrecciare sacro e profano e in questo avrai nemici che schiferanno questa commistione, ma potresti scoprire così che tutto è sacro, compreso te stesso, e potrai guardare con compassione chi ancora non ha aperto gli occhi.

Quando si attenua la tensione per il desiderio, la frenetica ricerca di stimoli, il bisogno di incontri per appagare solo

noi stessi, vengono meno i filtri con cui selezioniamo la realtà e diventiamo più disponibili agli altri, più attenti al nostro e al loro dolore per occuparcene e, finalmente, non lasciarlo più muto in sottofondo. Sottofondo che ci rende sempre acidi e pessimisti.

La fame di vita si allenta e possiamo finalmente iniziare ad essere creativi nelle nostre vite, nei nostri rapporti. Nell'ansia nata dalla paura di essere negati, criticati o di restare soli nasce questa fame di acquisire corpi e cose, che necessariamente, dovendo essere riconosciuta dalla società da cui cerchiamo approvazione, diviene comportamento stereotipato, forzatura dentro schemi relazionali che sono gabbie per lo spirito e per il corpo.

Solo quando tutta l'energia che spendiamo per renderci visibili, importanti agli occhi degli altri, viene diminuendo, allora le persone tenderanno a fidarsi di noi. Le nostre azioni non risuoneranno più forzate e false e non saranno meri strumenti per pervenire a dei risultati egoistici.

Cambia la qualità della nostra presenza: ci si sente immersi nell'esistenza e non più uno sperduto individuo che lotta per la propria sopravvivenza nel mondo. Allora il corpo si rilassa, la mente si rilassa e diveniamo spontanei.

Nessun bisogno nascerà allora in te di uno sforzo della volontà. Acquisiranno maggiore importanza quei comportamenti abitudinari dove la volontà e lo sforzo che ci è richiesto nel compierli a poco a poco si fondono. L'intervallo tra il movimento e lo scopo si riducono e

tendono a diventare una cosa sola, lasciando apparire un sentimento che potremmo chiamare spontaneità. Sorge una intelligenza immediata in cui il soggetto e l'oggetto del pensiero non si distinguono più. Istinto e personalità tendono a coincidere lasciando la fatica fuori dalla nostra vita. Mentre l'esistente ti sviluppa, ti accorgerai che questo avviene in sintonia con quello che desideri. Fino a non desiderare altro che quello che accade. Mentre spolvererai gli oggetti di casa tua, mentre annaffierai le piante sul davanzale e un vicino ti saluta, sfiorerai i segreti ultimi della vita e ti incontrerai.

Nulla va disperso. Sei un *Sex Defender*.

La soluzione radicale consta nel non volere nulla per noi stessi. Comprendo che è difficilissimo, ma è questo l'orizzonte verso cui tendere. Solo su questa strada si ottiene la vera indipendenza dal riconoscimento altrui e dalle tentazioni di esercitare potere sugli altri. Prenderci cura degli altri senza aspettarci gratitudine è il vero fare in armonia. Ripetersi continuamente io non ho bisogno del riconoscimento o del ringraziamento degli altri deve diventare il nostro mantra quotidiano. Io faccio, amo, aiuto solo perché è giusto fare, amare e aiutare. Questo pensiero lascia liberi gli altri di essere come vogliono e permette a noi stessi di reagire liberamente anche alle intemperanze degli altri.

Oggi guardiamo ai comportamenti di 100 o 200 anni fa come a comportamenti barbari, quindi, stanne certo, tra 100 anni i barbari saremo giudicati noi e il nostro

Centro
di Ascolto

Uomini
Maltrattanti

pensiero. Siamo immersi in una società e dentro questa società sviluppiamo le nostre abilità, conoscenze, abitudini, finanche le nostre capacità critiche.

Se la nostra società forma quello che pensiamo, per essere adeguati, ben inseriti ed essere giudicati bravi cittadini, serve fare proprie le modalità di pensiero condivise dal pensiero dominante. Il che è normale. Ma se ci volgiamo indietro e guardiamo cosa la nostra storia ha prodotto con queste idee, vediamo che non tutto era corretto o non tutto potremmo oggi considerarlo positivo. Quindi, in ogni epoca serve avere uno sguardo critico, altrimenti ci si può ritrovare a sparare ad un uomo come te solo perché indossa una divisa diversa, a stuprare una donna per sfogare le proprie frustrazioni, ma più banalmente, puoi essere tu che stai dalla parte del torto in una discussione in famiglia.

Ti assicuro lettore che molti uomini che incontriamo nel nostro centro di ascolto fanno qualcosa di simile nelle loro relazioni affettive e non se ne rendono conto. Abbiamo attivato un metodo di lavoro da realizzarsi in gruppo proprio perché questo consente di elaborare questa forma di cecità psicologica e culturale, ri-conoscendo davanti ad altri testimoni quanto andiamo facendo nelle nostre vite. In prima battuta riconsiderando i nostri comportamenti e poi confrontandoci con gli altri uomini che hanno fatto violenza per capire se c'erano responsabilità che non abbiamo visto o sbagli commessi per ignoranza o insensibilità. Insomma, la nostra cultura e/o la nostra coscienza a volte manomettono la verità per perseguire

Centro
di Ascolto

Uomini
Maltrattanti

quello che riteniamo giusto o ci hanno ammaestrato a ritenere giusto. Questo avviene attraverso la falsificazione della realtà, la fuga dalla realtà, la guerra a chi ci mette in evidenza la realtà. In definitiva si entra in guerra col mondo e con se stessi per non riconoscere la verità.

Sia l'autore della violenza che chi l'ha subita tendono a voler dimenticare quanto avvenuto, ma questo distorce le nostre coscienze, rende mostruose le nostre società e non ci rende credibili agli occhi dei nostri figli che, non implicati in queste vicende perché si affacciano da poco in questa società, finiscono per disprezzarci a ragion veduta. Altra evidente ragione per cui dobbiamo prendere atto di quello che stiamo facendo come uomini è che stiamo facendo soffrire delle persone. Spesso si tratta di persone a cui vogliamo bene.

La società patriarcale chiede agli uomini, come fosse un destino di tutto il genere, di inscenare molte, troppe rappresentazioni prive di sostanza e, per paura di essere esclusi dal consesso del proprio genere, molti uomini acriticamente eseguono tali implicite richieste. Il costante pavoneggiarsi per il bisogno di riconoscimento diviene incessante competizione, ma i castelli di carta di questi vissuti fiabeschi cadono innanzi al soffio vitale del femminismo. Occorre aprirsi ad altro, guardare e sentire altro, per lasciare che fluidamente le sensazioni dall'esterno ci tocchino e ci gratifichino con i loro disparati significati e le innumerevoli manifestazioni. Bisogna abbandonare gli sguardi concupiscenti e duri "da maschio", i sensi irrigiditi da modalità stereotipate, indici

Centro
di Ascolto

Uomini
Maltrattanti

di volontà di potere e di appropriazione, per guardare con occhi più ingenui, a volte anche timorosi, ma comunque ben disposti, coloro che ci vivono accanto, che condividono la nostra esistenza. Se percepirai l'incontro con l'altro come una sospensione momentanea, con stupore, appunto, gli atti si potranno spogliare della loro storia ed illuminare di una strana luce che deriva dal loro essere assolutamente sconosciuti, perché non rimandano ad altro se non ad un presente senza riferimenti.

Se si riesce a sopportare l'intensità che si libera, e occorre essere pronti a questo "troppo", si svela la sottile ma potente "voce del mondo", che trascende e riempie la routine quotidiana di un senso di pienezza, motivandola.

Nel momento in cui guardi negli occhi con questa nuova consapevolezza la tua compagna o il tuo compagno di vita o una qualsiasi persona, anche sconosciuta, ti potrai scoprire smarrito o abbandonato, ma comunque sarai protagonista di uno spettacolo straordinario in cui l'altro ti invita a partecipare.

Dando valore all'ascolto, all'attenzione, alla cura di sé come dell'altro, e, dunque, della donna, diversamente da ciò che la consolidata cultura maschilista continua a proporre, rinascerai e indosserai una veste di autenticità che non saprà più cosa significhi controllare, manipolare gli altri, ma comprenderà che ogni essere si nutre di una reciproca e naturale complementarietà.

Normalmente per pensare e vivere la mia identità, utilizzo le "scatole" dei generi sessuali, a volte carine e seducenti e a volte costrittive. Alcune di esse sono fortemente esaltate dai media e dal potere, altre osteggiate, ma in ogni caso io mi individuo, o sono individuato, come un piccolo e limitato corpo bisognoso di protesi estetiche o chimiche e di atteggiamenti adeguati per corrispondere ai modi sia convenzionali, sia alternativi, di stare al mondo. Anche la scienza, per certi versi, sembra che assecondi questa pochezza, quando mi descrive come combinazione di neuroni o di geni, come se io fossi solo meccanica aggregazione di materia. Nel nostro tempo domina questa visione sminuente e desacralizzante che consente di inquadrare e sfruttare le persone. Con grande sforzo, posso passare da una "scatola" all'altra, o inventarmene una nuova.

Anche il movimento *Queer*, pur disconoscendo le "scatole", e dando una ventata di libertà, mi consegna ad una visione ugualmente impoverita, se non evidenzia l'inconcepibile che, proprio per la sua natura, sfugge ad ogni tentativo di omologazione.

In realtà, se parto dal mio sentire, mi percepisco attraversato da una tensione inesausta alla relazione, che mi rende tragicamente e magicamente partecipe delle vite degli altri, con ben poca possibilità di controllo. Questa mia dimensione incontenibile si manifesta nel desiderio: spinto a inseguire qualcosa o qualcuno non giungo mai a una piena e definitiva soddisfazione, ma anche quando la ottengo, il desiderio svanisce e lascia posto ad un altro

senso di vuoto da colmare con altri desideri. E, allora, il desiderio mi de-finisce o mi proietta all'infinito?

Ugualmente, l'immensità di un mio dolore potrà mai essere da me totalmente compresa ed accettata, ricorrendo ad un pensiero solamente razionale?

Anche da uomo plasmato da un potere che lo controlla e che lo ha indotto a pensare che la propria individualità sia forte proprio perché è controllata, posso comunque vedermi sotto l'egida dello smisurato, dell'incommensurabile: badate bene che la smania di grandezza ha bisogno di afferrare, mentre, se accolgo l'immensità mi apro a ciò che è inesauribile, al mai pienamente comprensibile, al punto che non posso asserire una parola conclusiva sul mondo e su di me. Quando mi dispongo a seguire tutti i *così* di un rapporto, in contatto col di-spiegarsi degli eventi, mi proietto oltre me stesso, costretto dalla realtà che si ri-vela a ripensarmi all'infinito.

La parola rapporto, per definizione, rimanda ad una relazione di grandezza tra due quantità, ma noi non siamo commisurabili: "non c'è niente di misurabile in un cuore" dice un antico saggio cinese. Questo e-norme (nel senso di "fuori" dalle norme) non è contenibile da vincoli e regole, non siamo uomo e donna due parti della mela, siamo infiniti. Te lo conferma, caro lettore, il tuo sentirti in questo istante irrisolto, che ti ha spinto a cercare una soluzione, leggendo fino alla fine questo scritto.

Centro
di Ascolto

Uomini
Maltrattanti

Io penso che se non ci è data la possibilità di sperimentare in prima persona questa non finitezza, ci guarderemo l'un l'altro essere sottoposti a valutazione e misurazione e, quindi, saremo lecitamente venduti e comprati nel piccolo e grottesco acquario del Grande Fratello, ovvero nel nostro spaesato mondo occidentale.

Printed in Great Britain
by Amazon